당신이 가는 곳에서

제자의 길

Karl Rigsby

Copyright © 2023
Karl Rigsby
All Rights Reserved

Published in association with
Bridging Cultures Foundation, Inc.
Manila, Philippines, 1920

"Scripture quotations taken from the New American Standard Bible® (NASB), Copyright © 1960, 1962, 1963, 1968, 1971, 1972, 1973, 1975, 1977, 1995 by The Lockman Foundation. Used by permission. All rights reserved.

Library of Congress Cataloging-in-Publication Data
Bridging Cultures Foundation, Inc.

ISBN: 979-8-9897569-1-9

하나님께 감사드립니다

헤일리 가족

그들의 열방에 그리스도를 닮는 제자를 만드는일에 대한 사랑과 열정과 헌신이 수천명의 삶을 변화 시켰으며 그들의 영향력은 지금까지도 전 세계적으로 뻗어나가고 있습니다.

감사

레이아웃 및 일러스트레이터
Dek Carrillo Khu

보조 일러스트레이터
Christine Jason Hallig

기여자 및 편집자
David Ackerman
Asia-Pacific Nazarene Theological Seminary

Wye Huxford
Point University

Krista Rigsby
Asbury University

Caleb Rigsby
Campbellsville University

New Day Team
Valley Team

Grace Tia
Ernalyn Fausto
Asia-Pacific Resource Center Team

목차

서론	1
제자도란 무엇인가?	6
제1장 수확의 시기	22
지상명령	24
최고계명	32
지상명령과 최고계명을 연결하기	38
제2장 질문들	42
질문 #1: 왜 나인가?	44
질문 #2: 나는 여기서 무엇을 하는가?	52
질문 #3: 어떻게 시작해야 하나?	58
질문 #4: 나는 누구를 보는가?	62
질문 #5: 모두가 나처럼 제자를 만든다면 어떻게 될까?	70
제3장 생활 방식으로서의 제자도 실천	78
제4장 유기적인 제자도	110
제5장 번식	150
부록	173
단계	175
도구	187

서론

어떤 한 남자가 나무를 심었습니다. 그는 지극히 정성을 다하여 나무를 키웠고, 물을 주었으며, 비료도 주었습니다. 나무는 무럭무럭 자라기 시작했고 몇 년 후에 맛있는 과일을 맺기 시작했습니다. 이 나무는 일년 내내 주렁주렁 과일이 맺어져 가족들이 필요로 하는 모든 것을 가득히 채워 줬습니다. 나무는 더욱 더 많은 과실을 맺으면서 아주 경이로운 광경이 되었습니다. 과일이 차고 넘치자 남자는 수확한 모든 것을 저장할 수 있는 헛간을 지었습니다. 그러나 나무가 계속 자라고 과일을 맺으면서, 남자가 지은 헛간은 너무 작아졌습니다. 그래서 그는 더 큰 헛간을 짓게 되었습니다.

십 년이 지나자 남자는 이 나무가 예전 같지 않다는 것을 알아챘습니다. 나무 잎이 누렇게 변하기 시작했고, 예전처럼 과일이 맺혀지지 않았습니다. 그 다음 해에는 단 하나의 과일도 맺히지 않았습니다. 남자는 패닉상태에 빠졌습니다. 다행스럽게도 그는 과일로 가득 찬 헛간이 있다는 것을 문득 생각해 냈습니다. 나무가 더 이상 과일을 맺지 않더라도 저장한 양이 워낙 많았기에 가족들이 먹으며 지낼 수 있을 것이라고 생각하며 헛간에 가서 과일을 보았는데, 그 저장한 과일이 모두 썩어버린 것을 보고는 망연자실하였습니다.

이제 그는 무엇을 해야 할까요?

　절망에 빠진 그 남자는 마을의 나이많은 현자를 찾아갔습니다. 나이많은 현자는 조용히 앉아서 그 남자가 하는 이야기를 다 듣고 난 뒤 "과일의 목적은 어디에 있습니까?"라고 물었습니다. 그 사람은 "과일은 맛도 좋기에 우리가 먹으려고 수확합니다"라고 대답했습니다.

　"아닙니다." 현자는 말했습니다. "과일의 목적은 또 다른 나무를 만드는 것에 있습니다. 과일 속에는 씨앗이 있습니다. 이 씨앗은 더 많은 나무를 키울 수 있습니다. 나무가 열매를 맺는 이유는 또 다른 나무를 만들기 위해서입니다. 그런데 당신은 그 열매를 가져다가 헛간에 묵혀서 썩혀버렸습니다. 매년 그 열매의 10%만 가져다가 새로운 나무를 심었다면, 지금은 수백 그루의 나무가 자라서 마을 전체를 먹일 수도 있을 것입니다. 만약 당신이 그 열매의 50%를 다시 심었다면 온 나라 백성들을 먹일 수 있었을 것입니다."

태초부터 하나님께서 창조하신 목적은 성장하고, 생산하고, 번성하는 것이었습니다.

훌륭한 원예사 하나님

하나님이 지구에 창조하신 최초의 생명체는 채소와 식물이었고, 하나님이 채소와 식물에 한 가지 목적을 주셨습니다. 그것은 씨앗을 가진 열매를 맺고, 그 씨앗은 언젠가 더 많은 씨앗을 가진 열매를 맺는 것입니다.(창 1: 11-12).

이와 같이 바다의 고기와 공중의 새를 창조하시고 그들에게 복을 주시어 "생육하고 번성하라"(창 1:22)고 말씀하셨습니다. 우리가 알고 있듯이 생명의 시작은 '번성하라'는 내포된 명령으로 시작됩니다.

헛간을 지은 사람의 경우에서 보듯이, 우리는 종종 삶의 목적을 오해하게 됩니다. 그는 과일의 목적을 음식이라고 보았습니다. 나이많은 현자가 그에게 그 목적이 또 다른 나무를 만드는 것이라고 말한 것은, 우리가 살고 있는 이 땅에서 생명이 시작된 초기 역사를 회상하며, 땅에 담긴 하나님의 비전을 나무의 열매가 행하고 있음을 말하는 것입니다. 즉 이 땅에 담긴 하나님의 비전은 성장하고 열매 맺고 번성하는 곳입니다.

하나님께서 사람을 창조하셨을 때 하나님께서 인간에게 하신 첫 번째 말씀은 "생육하고 번성하라"(창 1:28)였습니다. 인류도 생명으로 가득 찬 세상에서 하나님의 비전으로부터 예외가 아닙니다. 처음부터 우리는 이 번성하는 세상에서 번성하고 다스리도록 부르심을 받았습니다.

창세기의 이 첫 구절은 예수님의 지상 사역의 시작과 놀랍도록 대조가 되는 내용을 담고 있습니다. 마태복음 9장 37-38절에서 예수님의 사역이 시작될 무렵, "이에 예수께서 제자들에게 이르시되 추수할 것은 많되 일꾼이 적으니. 그러므로 추수하는 주인에게 청하여 추수할 일꾼들을 보내 주소서 하라 하시니라."고 했습니다. 역사의 모든 것이 이 지점까지 이끌었고, 세상은 생명으로 가득 차 있었고, 추수가 시작되었는데, 추수는 식물을 뽑아내는 것이 아니라 잃어버린 자들의 영혼을 천국으로 인도하는 일이며 우리는 추수할 일꾼으로 부르심을 받았습니다.

그러므로 하나님께서 인간에게 하신 첫 번째 말씀, "생육하고 번성하라"와, 복음서의 마지막 말씀, "그러므로 너희는 가서 모든 민족을 제자로 삼아 아버지와 아들과 성령의 이름으로 세례를 베풀고" 라고 말씀은 서로 어울립니다. 심겨진 것을 추수하기 위해 우리는 보내심을 받았습니다!

우리가 전체로서 생명을 본다면, 그 생명 중 인류에게 초점을 맞추어야 하고, 그 중에서도 잃어버린 자들에 대한 추수애 초점을 맞추어야 하며, 그리고 나서 더 좁힌다면 우리 자신에게 초점을 맞추어야 합니다. 우리는 그리스도 안에 거할 때 열매를 맺습니다 (요 15:5).

예수님의 사역 전반에 걸쳐서 우리 자신이 열매를 맺는 것에 대해 많이 언급되어져 있습니다. 요한복음 15장 16-17절이 이것을 말합니다. "너희가 나를 택한 것이 아니요 내가 너희를 택하여 세웠나니 이는 너희로 가서 열매를 맺게 하고 또 너희 열매가 항상 있게 하여 내 이름으로 아버지께 무엇을 구하든지 다 받게 하려 함이라 내가 이것을 너희에게 명함은 너희로 서로 사랑하게 하려 함이라"

우리는 열매를 맺도록 부르심을 받았습니다! 이 말의 의미는, 우리가 "예수님처럼 생각"하도록 부르심을 받았고, 그렇게 함으로서 그리스도를 닮은 씨앗을 맺게 될 "예수님처럼 행하는" 것임을 의미합니다. 그분은 우리 삶에서 열매를 맺게 하시는데, 그 열매가 창조된 목적대로 살아 나아갈 때 잃어버린 자들을 예수님께로 데려올 수 있는 가능성을 갖게 됩니다.

우리가 성장함에 따라, 성령님이 성경 속에서 보여주신 것과 성령님께서 우리를 인도하시는 곳을 지속적으로 따르는 법을 배워야 합니다. 성령님께서 "어떻게" 그리고 "어디로" 인도하시는지를 이해할 때에 그 분의 인도하심이 우리를 하나님의 가족과 교회를 향한 하나님의 목적에 참여하도록 돕는 것이라는 것과 우리가 제자들을 확산하는 사람이 된다는 것에 한치의 의심도 없게 됩니다.

제자도란 무엇인가?

　　제자도의 핵심은 예수님을 따르는 것입니다. 제자도는 오직 예수님을 따라갈 때에만 얻을 수 있는, 점점 더 그리스도를 닮음을 요구합니다.

　　그렇다고 해서 그것이 쉬울 것이라는 의미는 아닙니다. 예수님은 제자들에게 "아무든지 나를 따라오려거든 자기를 부인하고 자기 십자가를 지고 나를 따를 것이니라"(마 16:24)고 말씀하셨습니다.

　　제자도는 당신이 그 무엇보다도 그리스도를 닮기를 원한다는 것을 아는 것에 관한 것입니다. 그것은 당신이 옛 자아를 죽임으로써 당신의 십자가를 지고 그분을 따라야 한다는 말입니다.

자기를 부인하기

"... 그는 근본 하나님의 본체시나 하나님과 동등됨을 취할 것으로 여기지 아니하시고 오히려 자기를 비워 종의 형체를 가지사 사람들과 같이 되셨고"
(빌 2:6-7)

우리의 십자가를 지기

"사람의 모양으로 나타나사 자기를 낮추시고 죽기까지 복종하셨으니 곧 십자가에 죽으심이라." (빌 2:8)

예수님을 따르기

그 분을 따르는 일은 비켜서서, 우리가 갖고 있는 관심사를 멀리하고, 예수님께서 보여주신 순종의 삶을 살아야 함을 요구합니다. 이 순종은 전적인 순종 외에 다른 선택의 여지가 없습니다.

빌립보서 2장 5-11절은 성경에서 가장 훌륭한 기독론적 진술 중 하나입니다. 바울은 예수님의 성육신과 아버지께 영광 돌리는 것을 "자기를 부인하고 자기 십자가를 지고 그를 따르는 것"의 모델이라고 말했습니다.

이 구절에서 "그 자신"이라는 단어는 재귀 대명사 (reflexive pronoun)로서, 예수님 자신이 그 동사가 뜻하는 것을 스스로 행하셨다는 것을 의미합니다. 하나님 아버지께서는 "예수에게" 그리고 "예수를 위하여" 이 일을 행하지 않으셨습니다. 예수님께서는 자발적으로 아버지께 순종하기로 선택하셨습니다. 그리고 우리가 진지하게 제자도를 대한다면, 우리도 기꺼이 따르겠다고 결심해야 합니다. 우리는 누군가가 "우리에게" 또는 "우리를 위해" 예수님의 일을 하기를 기다릴 여유가 없습니다.

또한 바울은 로마 식민지였던 빌립보 교회에 먼저 "곧 십자가 위에서"(8절)라는 문구를 썼습니다. 그곳에 있었던 사람들은 로마 시민이었습니다. 일반적으로 로마인들은 다른 로마인들을 십자가에 못 박지 않았습니다. 십자가 처형은 유대인 같은 사람들에게만 가하는 끔찍한 형벌입니다. "곧 십자가 위에서"라는 문구를 통해 바울은 빌립보인들에게, 그리고 궁극적으로는 우리에게 예수님께서 우리에게 요청하신 일들을 이미 이루셨다는 사실을 상기시키고 있는 것이 아닐까요?

마태복음 16장 24절과 빌립보서 2장 5-11절은 예수님을 따르는 사람이 되는 방법에 대해 우리에게 전반적으로 세 가지 본질적인 답변을 제공합니다.

첫 번째 답변

편안함과 만족을 위해 세상이 존재한다고 우리를 확신케 만드는, 이기심에 의해 지배되는 옛 생활을 거부하는 것입니다.

편안함과 만족을 위해 세상이 존재한다고 우리를 확신케 만드는, 이기심에 의해 지배되는 옛 생활을 거부하는 것입니다. 예수님이 우리 가운데 오셔서 우리와 함께 하시려고 "하나님과 동등됨을 포기하고 자신을 비우셨던" 그 마음은, 우리가 포기할 수 있는 것보다 훨씬 더 많은 것을 예수님께서 포기하셨다는 사실을 제자가 될 모든 사람에게 상기시켜 줍니다. 그 십자가를 기꺼이 지셨던 그 분의 그 마음은 자기를 부인하는 것에 대한 궁극적인 예입니다.

예수님의 십자가를 향한 여정은 아버지의 뜻에 순종하는 종으로서 "자신을 낮추시고" 항상 이것 만을 마음에 간직하면서 계속해 나가셨다는 것입니다. 명확한 목적이 있으신 그 분은 자신을 향한 아버지의 목적을 방해하는 그 어떤 것도 허용하지 않으셨습니다.

두 번째 답변

예수님을 따르는 자들은 십자가에 못 박혔습니다. 즉 이제는 내가 사는 것이 아니요."

물론 믿음은 예수님을 따르는 모든 사람들이 하나가 되고 그리고 주님과 하나가 되게 하는 공통분모입니다. 디모데후서 1장 12절에 나오는 믿음에 대한 바울의 설명이 여기에서 도움이 될 수 있습니다. "이로 말미암아 내가 또 이 고난을 받되 부끄러워하지 아니함은 내가 믿는 자를 내가 알고 또한 내가 의탁한 것을 그 날까지 그가 능히 지키실 줄을 확신함이라". 인지적인 지식을 암시하는 단어인 "알고 ", 우리가 알 수 있는 것보다 적어도 한 단계 더 나아가는 것을 의미하는 단어인 "믿는", 그리고 힘든 상황 속에서도 굳건히 서 있는 자신감을 암시하는 단어인 "확신함이라" 사이의 점진적인 단어들에 주목하십시오.

바울은 젊은 목회자였던 디모데에게 이것을 이해하도록 자신의 삶에서 일어나는 고난을 "부끄러워하지 않는" 이유들을 이 구절을 통하여 전하였습니다. 그것은, 하나님께서는 "내가 의탁한 것을 그 날까지 그가 능히 지키실" 것이기 때문입니다.

우리의 선한 목자는 우리를 아실 뿐 아니라 강력하고 보호적이며 궁극적으로 영원한 방법들로 우리를 인도하십니다. "보호하다" 라는 단어는 일반적으로 "지키다"를 의미하고 있습니다.

흥미롭게도 성경에서는 이 단어가 종종 "가치 때문에 무엇인가를 지킨다"라는 뜻으로 사용됩니다. 우리는 선한 목자의 손 아래 있기 때문에, 우리의 구원자이시며 주님이시며 제자를 만드시는 예수 그리스도께 우리 자신과 우리의 삶을 전적으로 맡길 때 하나님께서 우리들을 크나 큰 가치를 지닌 사람들로 보신다는 것을 확신할 수 있습니다.

세 번째 답변

예수님을 따르는 자로서 우리는 그 분이 인도하시는 곳이면 어디든 기꺼이 갑니다.

자기를 부인하고 자기 십자가를 지는 것은 우리로 하여금 왕이신 예수님을 자유롭게 따르는 자로 해방시킵니다. 사랑과 순종은 불가분한 관계라는 것을 예수님은 알고 있습니다. 요한복음 14-16장에서 예수님은 보혜사를 보내시겠다고 약속하셨는데, "너희가 나를 사랑하면 내 계명을 지키리라"(요 14:15)고 말씀하셨습니다.

예수님은 제자들에게 단순하지만 모든 것을 포괄하는 명령, 즉 사랑을 남기셨습니다. 성경을 연구하는 사람들은 "이웃을 사랑하라"는 것이 레위기 19장 18절까지 거슬러 올라가는 하나님의 명령이라는 것을 알고 있습니다. 우리는 또한 예수님께서 율법 전체를 하나님 사랑과 이웃 사랑(눅 10:25-29)으로 요약하셨다는 것을 알고 있습니다. 여기에 더해서 예수님은 십자가에 못박히신 전날 밤 다락방에서 제자들에게 "내가 너희를 사랑한 것 같이 너희도 서로 사랑하라"(요 13:34)라고 우리에게 말씀하셨습니다.

이 구절은 제자가 된다는 것은 그리스도를 닮아가는 것이라는 것을 다시금 상기시켜 줍니다. 제자 삼으라는 것은 우리가 완전한 헌신과 믿음, 사랑의 삶을 살아 그리스도를 단순히 반영하는 삶을 산다는 것을 의미합니다. 제자 삼는 일은 일주일에 한 번씩 교회라는 "헛간"에 모습을 보이는 것보다 훨씬 더 힘든 요구입니다. 그곳에서는 "썩어갈" 가능성이 큽니다. 제자삼는 일은, 우리가 어디에 있든, 누구를 만나든 "예수께서 우리를 사랑하신 것처럼 다른 사람을 사랑하라"는 헌신을 요구합니다. 그 예외는 없습니다! 복음서에서는 예수님을 따르는 사람들을 제자라고 불렀습니다. 제자란 예수님의 상황에서 본다면 학생, 실습생, 배우는 사람, 따르는 사람을 의미합니다.

흥미롭게도 제자라는 단어는 사도행전에서만 발견됩니다. 사복음서 외에 신약성경에서 제자를 만드는 내용이 나오는 책이 있다면 단연 사도행전입니다. 이 단어는 사도행전에 26번 나타나며, 누가가 예수를 따르는 사람들을 묘사한 가장 일반적인 용어입니다. 제자들이 예수님의 이야기를 증거했을 때 "증인이 되리라"(사도행전 1:6-8) 는 말씀을 따르게 되는 결과가 됩니다.

예수님의 초기 추종자들인 제자들은 예수님이 메시아라는 믿음이 그들을 어디로 이끌어 가는지를 예상할 수 없었습니다. 그러나 복음서에 보면 그들이 부르심을 문자 그대로 받아들이고 그 분이 가는 곳이면 어디든 가서 그 분이 하신 일을 했습니다. 사도행전 1장에서 누가는 자신이 "예수께서 행하시며 가르치시기 시작하신 것"에 관한 이야기를 하고 있다고 말합니다. 누가가 사도행전을 복음서의 계속되는 이야기로 보고 제자라는 단어가 누가가 흔히 썼던 예수의 초기 추종자를 의미하는 단어라고 한다면, 초기 교회에서는 제자를 삼는 일이 그들에게 가장 중요했다는 사실을 알 수가 있습니다.

사도행전의 역사적 서술이 우리의 문화적, 역사적 환경과 어떤 관계가 있는지 알아보려고 할 때, 제자도의 핵심은 더 많은 제자를 삼는 것이라는 것을 기억해야 합니다. 우리는 일상생활을 하면서 "수확물"을 모아 헛간에 안전하게 보관하기보다는 매일 예수님이

우리 삶에 미치는 영향을 증거하면서 (행 1:8) 제자를 삼으려고 노력해야 합니다. (마 28:18-20)

어떤 신자들에게 있어서 이것은 제자 삼는 방법에 큰 초점을 맞추는 것이 될 수 있습니다. 우리가 의도적으로 제자를 삼으려면 어떻게 해야 합니까? 우리 주변 사람들은 그 과정을 모를 수도 있기 때문에 설명이 필요합니다. 또 다른 신자들에게는 재생산에 초점이 맞춰져 있습니다. 이는 최종 목표나 결과, 그리고 그러한 결과를 달성하는 방법에 지속적으로 초점을 맞추는 것을 의미합니다.

이 두 가지 가능한 방법에 관계없이, 제자를 삼는 데 본질적인 요소는 믿음으로 우리가 예수님께서 우리를 구원하신 구세주이실 뿐 아니라 우리 삶의 주님이심을 선언한다는 것입니다. 주님으로서 그 분은 소유주이시며, 주인이시며, 우리를 다스리는 권위를 갖고 계신 분입니다.

고린도전서 6장 19-20절에서 바울은 우리에게 "...너희는 너희의 것이 아니라 값으로 산 것이 되었으니 그런즉 너희 몸으로 하나님께 영광을 돌리라."고 했습니다. 이 구절은 바울이 빌립보서 3장 20절에서 "우리의 시민권은 하늘에 있는지라 거기로부터 구원하는 자 곧 주 예수 그리스도를 기다리노니"라고 말한 것과 같은 맥락일 것입니다. 예수님을 따르기로 결심했을 때, 우리는 세상에서 개인적인 소유나 특별한 특권을 포기합니다. 우리는 자신에 관한 모든 것을 부인하고 주님으로서 예수님을 따릅니다.

우리의 과제는 주님으로서 예수님의 명령,

즉 제자를 만드는 자가 되라는 부르심을 우리 삶에서 진지하게 받아들일 만큼 기꺼이 헌신할 것인지에 대한 여부입니다.

예수님께서는 자신을 따르는 사람들의 특징으로 열매맺는 것에 대해 자주 말씀하셨습니다. 아마도 요한복음 15장에 나오는 포도나무와 가지에 대한 이야기가 가장 좋은 예시일 것입니다. 하나님 나라를 위한 풍요로움과 세상적인 풍요로움을 혼동하지 않도록 주의해야 합니다.

열매맺는 것은 숫자에 관한 것이라기보다는 또 다른 '그리스도를 닮은 제자'를 생산해 낼 수 있는, '그리스도를 닮은 제자'를 재생산하는 것에 관한 것입니다.

바울은 고린도 교인들에게 "한 사람은 심고 다른 사람은 물 주나 오직 자라나게 하시는 이는 하나님이시니"(고전 3:7)라고 말씀하셨고 같은 장에서 바울은 제자들을 "하나님의 동역자들"(3:9)이라고 부릅니다.

모두가 여러분처럼 제자를 만든다면 어떨까요?

교회의 모든 사람이 제자를 삼는 세상을 상상해 보십시오! 그 수많은 과일을 저장할 만큼 큰 헛간은 없을 것입니다! 우리가 그것을 단지 상상만 하지 말고 그것이 실현되도록 우리의 역할에 최선을 다한다면 어떻게 될까요?

우리가 살펴본 제자라는 단어 뒤에 숨은 의미는 특별한 엘리트 계층의 신자들을 묘사하는 것이 아닙니다. 제자를 삼는 일은 신학교나 신학대학원을 졸업한 목회자만의 일이 아닙니다.

예수님은 결코 "나는 너희 중에 몇 사람만을 제자로 삼기를 원한다"고 말씀하지 않으셨습니다. 그 분은 "네가 가는 곳에서 제자 삼으라"고 말씀하셨습니다(마 28:18-20). 지상명령의 관련 어휘와 문법은 단수가 아닌 복수형입니다. 우리 모두는 일상생활 속 우리가 가는 곳에서 제자를 삼으라는 사명을 받았습니다.

그러나 지상명령에 나오는 제자도를 생.각할 때 우리는 몇 가지 방어벽을 만듭니다

1 너무 바빠요

첫 번째는 "나는 너무 바빠요."입니다. 오늘날 현대 사회의 많은 사람들은 끊임없이 존재하는 '해야 할 일'에 둘러싸여 있습니다. 우리에게는 할 일이 있고, 참석해야 할 수업이 있고, 장보러 가야 하고, 해야 할 심부름이 있고, 돌보아야 할 가족이 있습니다. 이런 일들은 끝이 없어 보이는 '할 일' 목록 중 몇 가지에 불과합니다.

그래서 우리는 스스로에게 "나는 제자를 삼을 시간이 없어"라고 말합니다. 마치 이 '해야 할 일' 들을 완성하고 나면 그 일을 시작할 수 있을 것 같이 생각합니다.

그러나 우리의 관점을 조금만 바꾸면 제자를 삼는 것이 '해야 할 일'에 완벽하게 내포되어 있다는 것을 깨달을 수가 있습니다! 각각의 '해야 할 일' 은 그리스도를 닮은 제자를 삼는 씨를 뿌릴 수 있는 기회이기 때문입니다.

지상명령은 우리가 하고 있는 일을 멈추고 가서 제자를 삼으라고 요구하는 것이 아니라, 무엇을 하든지 제자 삼는 일을 행하라고 말합니다. 제1장은 지상명령의 부르심 뿐 아니라 그것이 지상명령에 의해 어떻게 강화되는지를 설명합니다.

월: 장 보기
화: 주방 청소
수: 성경 공부
목: 은행 털기
금: 엄마에게 전화하기
토: 쓰레기 버리기
일: 교회 가기

서론 17

2 어떻게 해야 할지 모르겠어요

두 번째 방어벽은 "어떻게 해야 할지 모르겠어요."라는 것입니다. "나는 다른 사람을 제자화할 만큼 훌륭한 그리스도인이 아니에요. 내 신앙을 내 주변 사람들에게 어떻게 전달할지 모르겠고, 다른 사람을 제자삼을 기술이 없어요. 그래서 어디서부터 시작해야 할지 모르겠어요."

이러한 두려움은 항상 한 가지, 바로 인간으로서의 한계를 지향하고 있습니다: 하지만 좋은 소식이 있습니다!

잃어버린 자들의 마음에 다가가는 사람은 우리가 아닙니다. 우리는 우리 안에 한계가 없으신 하나님을 모시고 있습니다. 우리가 해야 할 일은 그 분의 인도를 따르는 것 뿐입니다. 그리고 그 분은 그 남은 부분을 처리하실 것입니다. 2장에서 하나님의 인도를 따르는 방법에 대해 더 자세히 설명하겠습니다.

3 나에게 부르심이 없어요

　세 번째 방어벽은 "나에게는 부르심이 없다"는 것입니다. 이러한 방어벽은 그리스도인에게 "부르심"이 무엇을 의미하는지 의문을 제기합니다. 종종 그것은 교회나 영적 생활과 관련하여 우리가 가지고 있는 은사나 재능을 의미하는 데 사용됩니다. 그러나 지상명령은 우리가 그리스도를 따른다면 나가서 제자를 삼으라는 명령을 받았다는 것을 분명하게 합니다.

　우리의 소명은 단순히 어떻게 씨를 뿌리느냐에 관한 것이라는 것을 의미합니다! 그 수많은 취미, 직업, 여기 활동 등이 있는데, 같은 취미나 재능을 나누지 않는 사람들은 접근할 수 없는, 우리가 접근할 수 있는 사람들이 존재합니다.

　제자도는 일부러 나가서 하는 일이 아니라 지금 하는 일에서 의도적으로 행하는 것입니다. 제자도는 단순히 일주일에 한 번 참석하는 교회 프로그램이 아니라 삶의 모든 상황에서 적용되는 라이프 스타일, 즉 생활방식입니다. 그렇다면 어떻게 제자도를 생활방식으로 바꿀 수 있습니까?

　3장은 이에 대한 답변과 함께 생활방식과 제자도가 교차하는 지점에 대한 질문을 나눠서 생각해 보겠습니다.

서론

이러한 방어벽들이 해결되면 많은 사람들은 "좋아요, 나는 내 삶에서 제자도를 적용하고 싶은데 그것이 도대체 어떤 모습을 말하는 것인가요?"라고 묻습니다. 간단합니다. 그들은 당신이 하는 일들을 할 수 있습니까? 그들이 당신의 방식으로 기도하고, 성경공부하고, 금식하고, 편의점에 들어가고 있습니까?

우리에게 좋은 소식은 제자도가 어떤 모습이어야 하는지에 대한 완벽한 예시를 예수님께서 보여 주셨다는 것입니다!

예수님께서 제자들에게 조목조목 설명했던 비유 중의 하나가 씨 뿌리는 자의 비유입니다. 그는 제자도가 어떤 모습이어야 하고 또 어떤 모습이 아니여야 하는지를 세분화합니다. 4장에서 유기적 제자도가

실제로 어떤 모습인지 깊이 들어가 보도록 하겠습니다.

먼저 비유를 통해, 그 다음에는 예수님 자신을 통해, 그리고 마지막으로 여러분에게 어떤 모습일 수 있는지에 대해 살펴보겠습니다.

제자화를 시작했다면 마지막으로 해야 할 일, 즉 어떻게 제자화를 행하는지를 가르치는 방법을 배워야 합니다!

서두에서 우리는 생육하고 번성하라는 하나님의 명령에 대해 이야기했습니다. 생육하는 것과 번성하는 것은 왜 분리되어 있습니까? 단순히 열매를 맺는다고 해서 번식이 있을 것이라는 뜻은 아닙니다. 헛간 짓는 사람은 그것을 충분히 증명했습니다. 오히려 제자도의 열매를 거두어 좋은 땅에 다시 심어야 열매를 맺게 되고, 그들도 그 열매를 받아 또 심고 번성하게 될 것입니다.

5장에서 번식과 번식 과정에서 발생할 수 있는 잠재적인 문제에 대해 이야기하겠습니다.

이 책의 첫 번째 이야기인 나무를 심은 사람처럼, 우리가 제자를 삼는다면 수확을 기대할 것입니다. 제자를 삼는 일에 열매를 맺는다면, 갑자기 창고가 가득 차서 넘쳐나는 것을 보게 될 것입니다. 이 장에서는 어디서부터 시작해야 하는지에 초점을 맞춥니다. 예수님께서 복음서에서 말씀하신 두 가지 중요한 개념이 우리에게 도움이 될 수 있습니다. 하나는 지상명령이고, 다른 하나는 최고계명입니다.

예수님은 3년여 동안에 유대의 여러 도시와 마을을 두루 다니시며 사람들에게 자신을 따르라고 부르셨습니다. 특별히 그 분은 사도라고 불리는 열 두 제자를 부르셨습니다. 사도라는 단어의 기본 의미는 "보냄을 받은 사람"입니다. 이 사람들은 초대 교회시대에서 중요한 역할을 하게 되지만, 예수님께서 최초로 부르신 종들은 "보냄을 받은 자"라는 뜻이 있다는 사실을 잊어서는 안 됩니다.

처음에는 "나가는" 것에 많은 시간을 소비하지 않고 먼저 그 분을 따르도록 그들은 부름받았습니다. 1세기 팔레스타인의 집을 잠시 상상해 보면 도움이 될 것입니다. 예수님은 집 안에 계시고, 그 안에는 그 분을 따르기로 온전히 헌신한 사람들이 있습니다. 어떤 사람들은 집 밖에 있으면서 창문을 통해 들여다보면서 이 순회 랍비(교사)가 누구인지 궁금해합니다. 다른 사람들은 집 안에 있는 사람들과, 밖에서 안을 들여다보는 사람들 때문에 먼 언덕 기슭에 서 있습니다. 예수님은 집 안에만 계시는 분이 아니셨기 때문에 우리는 매일 밖에서 그 분을 볼 수 있습니다.

마태복음 9장 35-38절의 시작 문구는 적절하게 이렇게 번역될 수도 있습니다. "예수께서 습관적으로 모든 도시와 마을에 두루 다니시며..." 예수님의 지상 사역이 끝날 때까지, 즉 그 분이 마지막으로 떠나시면서 지상명령을 말하기 전까지 사도들은 파송되지 않았습니다. "하늘과 땅의 모든 권세를 내게 주셨으니 그러므로 너희는 가서 모든 민족을 제자로 삼아 아버지와 아들과 성령의 이름으로 세례를 베풀고 내가 너희에게 분부한 모든 것을 가르쳐 지키게 하라. 볼지어다 내가 세상 끝날까지 너희와 항상 있으리라 하시니라."(마 28:18-20). 이 명령과 더불어 예수님의 삶과 사역의 직접적인 모범을 통해 그들은 이제 파견될 준비를 끝내게 된 것입니다.

가서

분석해 보겠습니다. 첫 번째는 '가서'라는 간단한 명령입니다. 그러나 이는 지휘관의 '가라!'라는 명령이 아니라 '가고 있는 대로가 더 정확합니다.

예수님의 이 명령은 우리가 어디론가 출발해야 한다는 것이 아닙니다. 직장, 학교, 쇼핑, 친구 만날 때, 끝없는 '해야 할 일'을 처리할 때 우리는 이미 어떤 일을 하고 있습니다. 그런 의미에서 인간은 본질적으로 어떤 일을 위해 '가고 있는 사람'입니다.

그러므로 우리가 '가고 있는' 것에 대한 이해는, 생계를 유지하기 위해 직장에 가거나 교육을 받기 위한 학교에 '가는 것'이 아니라 다른 초점이 있다는 것입니다. 제자를 만드는 기회를 찾는 것이 초점입니다. 일상을 바꿀 필요는 없고, 그 일을 하는 이유만 바꾸면 됩니다. 당신이 '가는 곳'이 어디든지 그 곳에는 제자를 삼을 기회가 있습니다.

자세한 관찰

어떻게 적용할까요?

켄드라(Kendra)는 로펌에 근무하고 있습니다. 그녀는 매일 아침 직장에 도착하기 전에 커피와 레몬바를 삽니다. 지상명령을 알고 있는 그녀는 이렇게 몇가지 일에 변화를 줄 수 있습니다.

켄드라는 카페에서 아침에 근무하는 모든 사람의 이름을 알기 시작하였고, 심지어 조금 더 일찍 집에서 나와 카페 안으로 들어가서 주문을 합니다. 그렇게 함으로서 바리스타에 대해 더 많은 것을 알기 위해 의도적인 노력을 매일 기울이는 것입니다.

이제 그녀는 신선한 아침식사를 위해서가 아닌, 바리스타들을 알아가고 친절을 베풀기 위해 커피와 레몬바를 사러 갑니다.

세례를 주고

그 다음 그 제자들에게 세례를 주라고 했습니다. 로마서 6장 3-4절에서 바울은 세례에 대해서 이렇게 말합니다. "무릇 그리스도 예수와 합하여 세례를 받은 우리는 그의 죽으심과 합하여 세례 받은 줄을 알지 못하느냐? 그러므로 우리가 그의 죽으심과 합하여 세례를 받음으로 그와 함께 장사되었나니 이는 아버지의 영광으로 말미암아 그리스도를 죽은 자 가운데서 살리심과 같이 우리로 또한 새 생명 가운데서 행하게 하려 함이니라."

제자가 되었다면 더 이상 옛 사람이 아닙니다. 도리어 옛 사람은 죽고 새 생명으로 거듭났습니다. 세례는 한 사람이 하나님의 백성이 되었음을 공개적으로 증언하는 것이기도 하지만 그 뿐 아니라 예수님을 따르는 자로서의 헌신, 또한 그렇기 때문에 '파송받은 자'라는 의미이기도 합니다.

자세한 관찰

어떻게 적용할까요?

켄드라는 바리스타인 테레사를 알게 되었고 기독교 공동체에 데려오기 전에 그녀를 여러 행사 (바비큐 파티부터 생일파티까지)에 초대했습니다. 시간이 지나 테레사는 세례를 받고 싶다고 했습니다.

성장케 하라

다음은 하나님과 함께 성장하도록 가르치는 것입니다. 때로 우리는 "내가 분부한 모든 것을 지키라"를 "모든 규례를 지키도록 가르쳐라"로 해석합니다.

이 가르침의 목표는 그들이 스스로 예수님과 관계를 갖도록 가르치는 것입니다. 제자들이 당신과 똑같은 사람이라면 제자로 삼는 일이 정말 쉬울 것입니다. 그러나 당신이 다가갈 수 없는 다른 사람들을 생각해 보십시오.

모르는 언어가 있고, 모르는 풍습이 있고, 공감가지 않는 취미가 있고, 도저히 먹을 수 없는 음식도 있을 겁니다. 모든 제자가 당신과 똑같도록 가르쳤다면 그들은 당신이 다가가지 못하는 사람들에게 결코 다가갈 수 없을 것입니다. 우리는 사람들이 그들의 잠재력을 최대한 활용할 수 있도록 그리스도의 마음을 발견하고 품도록(빌 2:5) 가르치는 일을 위해 부르심을 받았습니다.

어떻게 적용할까요?

테레사와 켄드라는 이제 주말에 성경공부를 인도합니다. 직장 동료들을 그 모임으로 초대하지만 압박하지는 않습니다.

그가 너희와 함께 한다

마지막으로, 예수님은 제자들이 이 명령을 행하기 위해 홀로 애쓰도록 보내신 것이 아닙니다. 그 분은 세상 끝 날까지(그리고 사도행전에서는 "땅 끝까지") 우리와 함께 계시겠다고 약속하셨습니다.

우리는 우리 자신의 힘으로 이 일을 하도록 부르심을 받은 것이 아닙니다. 그 분께서 우리에게 명하신 일을 행할 수 있는 자원과 힘을 주십니다. 그 분은 우리와 함께 계실 것이며, 우리를 인도하실 것이며, 우리에게 힘을 주시고, 그 분이 명하신 대로 행할 수 있도록 우리를 그 분으로 채워주실 것입니다.

사도행전 1장 8절에서 예수님께서는 모인 제자들에게 이렇게 말씀하십니다. "오직 성령이 너희에게 임하시면 너희가 권능을 받고 예루살렘과 온 유대와 사마리아와 땅 끝까지 이르러 내 증인이 되리라 하시니라." 이 구절에서 예수님은 그를 따르는 사람들이 성령으로부터 능력을 받을 것이라고 약속하셨고, 오순절 날에 대한 기사인 사도행전 2장에서 우리는 성령님께서 큰 능력으로 임하시는 것을 볼 수 있습니다.

그 날에만 3,000명(남자만 계산됨)이 세례를 받았습니다! 성령님께서는 우리가 증인이 되어 제자를 삼을 수 있도록 힘을 주십니다. 예수님은 우리가 실패하도록 그대로 두시지 않습니다.

우리는 그 분의 사명을 수행하는데 필요한 모든 것들을 갖추고 있고 모든 믿는 자들은 이 사명을 마음에 새기도록 부르심을 받았습니다. 그러므로 이것은 우리의 순종하고자 하는 의지에 달려있습니다.

자세한 관찰

어떻게 적용할까요?

　테레사는 자신의 직장에서 제자 그룹을 이끌 기회를 갖게 되었고 켄드라는 새로운 지점으로 승진하게 됩니다. 이제 켄드라는 새로운 카페에서 아침식사를 하게 됩니다.
　이러한 변화에 따라 두 사람에게는 모두 새로운 제자를 삼는 기회가 주어졌습니다. 두 사람 모두 계속해서 하나님께 순종하며 나아가고 있으며 그 분의 인도를 따라 다른 사람들을 제자로 삼고 있습니다.

영국의 위대한 학자이자 목사인 존 스토트(John Stott)는 우리 하나님은 선교하는 하나님이라고 자주 언급했습니다. 우주를 창조하신 하나님이 이스라엘의 우상숭배때문에 계속 그 분을 거부함에도 불구하고 그 분은 계속해서 이스라엘과 관계를 추구하신다는 것을 성경에서 볼 수 있고, 신약성경에서는 하나님께서 선교하기 위해 나사렛 예수라는 육체의 형태로 오셨다는 것도 알 수 있습니다.

그렇다면 하나님께서 선교하시는 원동력은 무엇일까요? 우리는 성경에서 수많은 본문을 볼 수 있지만 요한복음 3장 16절보다 더 명확하고 설득력있는 구절은 찾을 수 없습니다. "하나님이 세상을 이처럼 사랑하사 독생자를 주셨으니 이는 그를 믿는 자마다 멸망치 않고 영생을 얻게 하려 하심이니라." 우주의 창조주께서 우리를 구원하시는 원동력은 바로 사랑이었습니다.

그렇다면 이는 제자를 삼는 것과 무슨 연관성이 있습니까? 이 본문에서 "세상"이라는 단어를 본다면 하나님은 자신의 독생자를 보내시면서 온 세상을 사랑하는 마음에 제한을 두지 않으셨습니다. 하나님께서 우리를 구원하는 동기가 사랑이라면, 하나님께서 사랑하시는 그 사랑을 배우기 전까지는 우리 스스로 제자를 삼는 사람이라고 자신을 자칭하기는 힘들 것입니다.

히지만 우리기 그 방향으로 일딘 움직이게 되면, 이 세상, 즉 모든 인류를 하나님이 사랑하시는 사람으로 보게 되고, 구원이 필요한 자들로 보여지게 됩니다. 한번은 예수께서 "가장 큰 계명" 또는 "영생을 상속받는 것"에 관해 질문을 받으셨습니다 (마 22:34-40, 막 12:28-34, 눅 10:25-28 참조). 이 질문자들은 예수님께서 대답하시는 내용에는 별로 관심이 없이 트집을 잡으려고 작정을 했습니다. 예수님은 "하나님을 사랑하라"는 계명을 계명 중 첫째이자 제일 큰 계명이라고 말씀하셨습니다.

그리고 "두 번째도 그와 같으니 '네 이웃을 네 몸과 같이 사랑하라 하셨으니'라고 말씀하셨습니다.'" 그리고 율법과 선지자 전체를 (우리가 구약성경으로 알고 있는 것을 유대인들이 표현하는 방식) 하나님 사랑과 이웃 사랑이라는 이 두 가지로 요약할 수 있다고 선언하셨습니다 그 분께서 "두 번째도 이와 같으니" 라고 말씀하실 때, 이 두 계명이 각각의 사랑에 초점을 맞추고 있다는 뜻이 아니고 이 두 계명은 같은 행동에서 함께 나온다는 뜻입니다. 이 말은 즉 우리가 하나님을 사랑하면 이웃도 사랑하게 된다는

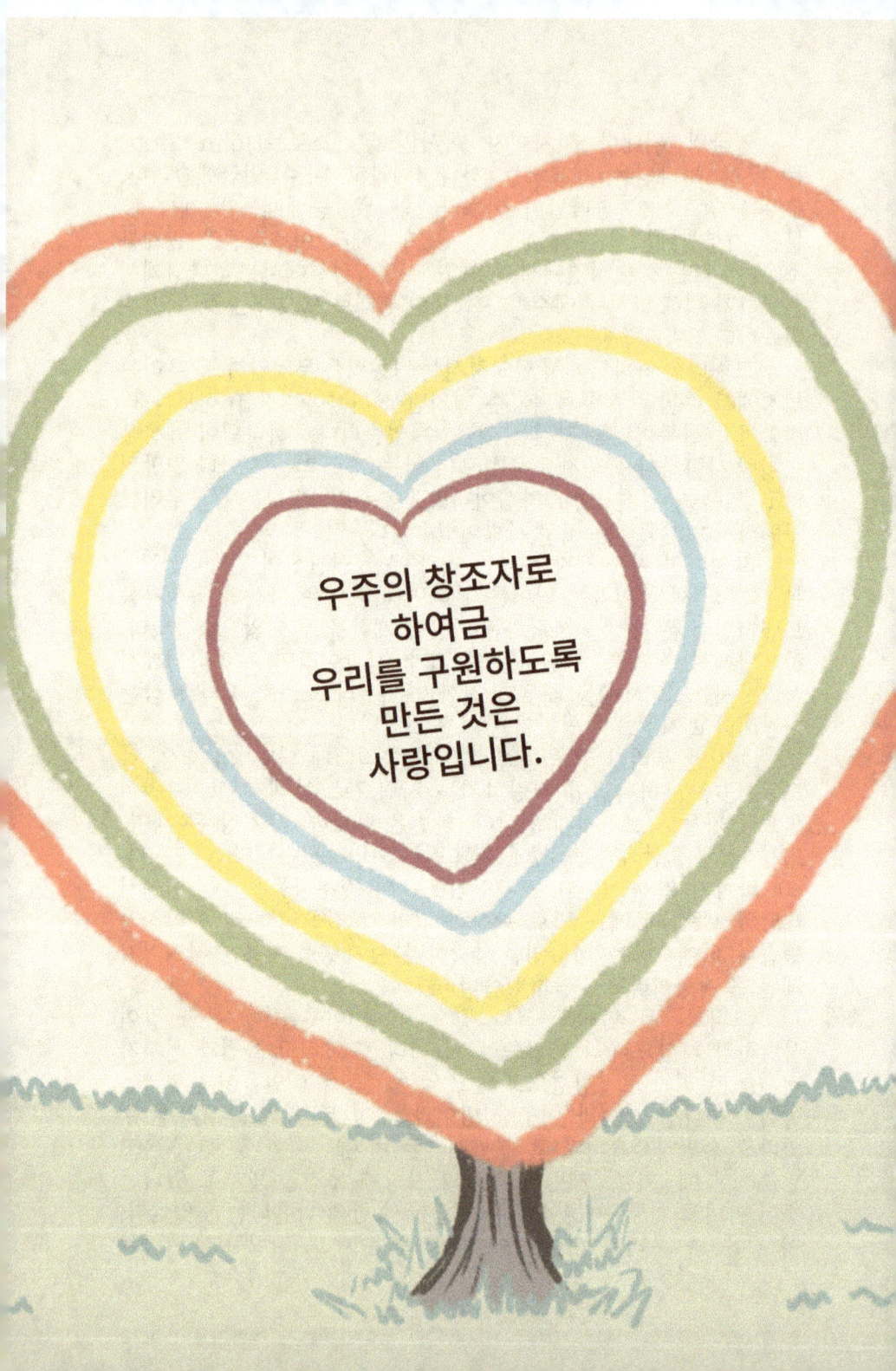

것입니다. 왜 그렇습니까? 그 분이 먼저 우리를 사랑하셨기 때문입니다. 요한복음 13장 34절에 "내가 너희를 사랑한 것 같이 너희도 서로 사랑하라"고 했습니다.

이웃을 사랑하지 않고서는 하나님을 사랑할 수 없습니다. 단순히 서로 친절하게 대하고 서로 사랑하라고 요구하신 것이 아닙니다. 이것이 최고계명이라고 불리는 데는 이유가 있습니다. 하나님의 모든 율법과 계명은 하나님을 사랑하고, 이웃을 사랑하라는 이 두 가지로 요약됩니다.

계속하기 전에 "사랑이란 무엇인가?"를 정의하는 것이 중요합니다. 사랑을 단순하게 해석한다면 '이웃이 먼저'입니다. 사랑은 이웃의 필요가 먼저라고 말하지만, 반대로 악은 항상 '내가 먼저'입니다. 가장 위대한 사랑을 말하자면 그것은 희생이며, 반대로 가장 큰 악은 누군가가 자기 자신에게 너무 열중하여 다른 사람의 필요를 짓밟는 것입니다.

그렇다면 제자도의 필요성은 어디서 오는 걸까요? 요한은 이렇게 말합니다.

"누구든지 하나님을 사랑하노라 하고 그 형제를 미워하면 이는 거짓말하는 자니 보는 바 그 형제를 사랑하지 아니하는 자가 보지 못하는 바 하나님을 사랑할 수 없느니라" (요일 4:20). 같은 문맥 앞부분에서 요한은 "사랑하는 자들아 하나님이 이같이 우리를 사랑하셨은즉 우리도 서로 사랑하는 것이 마땅하도다"라고 말합니다 (요일 4:11).

사랑 = 당신 먼저
악 = 내가 먼저

하나님을 사랑한다는 것은 우리 주변 사람들, 즉 이웃, 동료, 동급생, 가족, 그리고 우리 삶에서 있을 만한 인간관계에서 그 분의 사랑을 알리는 방법을 찾는다는 것을 의미합니다. 만일 제자를 삼지 않는다면 우리가 정말로 하나님을 사랑한다고 말할 수 있겠습니까?

사랑은 우리가 만나게 되는 사람들과의 다리를 놓아 줄 것입니다. 의도적인 제자도는 다른 사람들로 하여금 성령님께서 깨우쳐 주시는 사역에 순종하는 것이 가능하도록, 성장하도록, 그리고 준비를 갖추도록 만듭니다. (요 16:8-10) 예수님은 세상을 향한 성령님의 사역의 일부가 "죄와 의와 심판에 대하여 세상이 잘못 생각하고 있는 점을 깨우쳐"(요 16:8, KBL) 주시는 것이라고 말씀하셨습니다.

이웃에 대한 우리의 사랑은 우리가 그 분이 하시는 일에 있어서 성령님과 협력하고 있다는 것을 의미하며 그 결과는 바로 새로운 제자들입니다. 바울이 한 말, "성령으로 아니하면 누구든지 예수를 주시라 할 수 없느니라"(고전 12:3)를 상기해야 하고, 성령님께서 이미 우리의 이웃을 깨닫게 하기 위해 일하고 계신다는 것을 기억해야 합니다. 우리가 증인이 될 때 그 분이 함께 하십니다.

'네 마음을 다하고
목숨을 다하고
뜻을 다하여
주 너의 하나님을
사랑하라' 하셨으니
이것이 크고 첫째 되는
계명이요
둘째도 그와 같으니
'네 이웃을 네 자신 같이
사랑하라'

마태복음 22장 37-39절

지상명령과 최고계명을 연결하기

그렇다면 지상명령과 최고계명이라는 두 가지 개념을 어떻게 연결합니까? 좋은 소식은, 그 둘이 너무 단단히 묶여 있어서 다른 하나 없이, 하나만 하기가 매우 어렵다는 것입니다!

먼저, '하나님을 사랑하고, 이웃을 사랑하라'는 최고계명부터 시작해 봅시다. 이러한 삶의 태도를 당신의 삶에 적용한다면 어떤 일이 일어날 것 같습니까? 당신이 하나님을 사랑하면 이웃도 사랑하게 될 것이고, 이웃을 사랑한다면 당신이 알고 사랑하는 하나님을 이웃에게 알리기를 원할 것입니다. 근본적으로 이것이 바로 제자도입니다. 잃어버린 자를 데려오는 것입니다. 그리하여 그들도 하나님에 대한 경외감을 느끼고 다른 사람들을 데려오려는 원동력을 갖게 됩니다.

헛간이 바로 우리를 가장 큰 문제에 빠뜨리게 만듭니다. 그들은 사람들을 교회 밖으로 보내는 것보다 교회 안으로 데려오는 데에 더 중심을 둡니다. 에너지가 차고 넘치는 그리스도인들을 사랑이 넘치는 안전한 건물에 가둠으로서, 나가서 잃어버린 자를 찾아 구원하려는 의욕을 없애는 것은 놀랍도록 쉬운 일이 될 수 있습니다.

성경에 나오는 사람들의 삶에서 보여지는 가장 놀라운 변화를 생각해 볼 때, 그것은 종종 그들이 하나님을 만나는 곳과 연관됩니다. 모세가 하나님을 만나는 곳은 애굽의 권력의 전당도 아니고, 어떤 사원도 아닙니다. 그곳은 광야에 있는 주님의 거룩한 땅이었습니다. (출 3장)

사울/바울이 예수님을 만났을 때 그 곳은 회당이나 황제의 궁전이 아니라 다메섹으로 가는 지저분한 흙길이었습니다. 예수님의 가장 강력한 설교는 시골에서 이루어졌으며, 그 분의 가장 큰 기적은 성문 옆에서, 호수 위에서, 죄인과 믿는 자들의 집에서 동등하게 일어났습니다.

헛간에는 절대적인 목적이 있습니다. 새롭게 다시 심기 전에 씨를 보관하는 곳입니다. 그러나 수확물을 헛간에 계속 놔두면 서론의 이야기처럼 헛되이 썩어 버릴 것입니다.

전 세계에 흩어져 있는 모든 헛간은 헛간에 더 많은 것을 가져오는 것이 아니라, 가서 제자삼는 일의 착수를 기다리고 있는 엄청난 잠재력, 수백만의 교두보입니다.

천천히 그러나 확실하게도 헛간에 있는 수확물들은 썩어가고 있습니다. 점점 더 많은 사람들이 환멸을 느끼고, 목적없이, 자신의 믿음이 시간 낭비인 것처럼 느끼면서 교회를 떠납니다.

참으로 그렇습니다. 우리가 하나님을 사랑한다고 말하기는 하나 세상에 나가서 다른 사람을 사랑하기는 꺼립니다.

그가 우리를 위하여
목숨을 버리셨으니
우리가 이로써 사랑을
알고 우리도 형제들을
위하여 목숨을 버리는
것이 마땅하니라.

요한일서 3장 16절

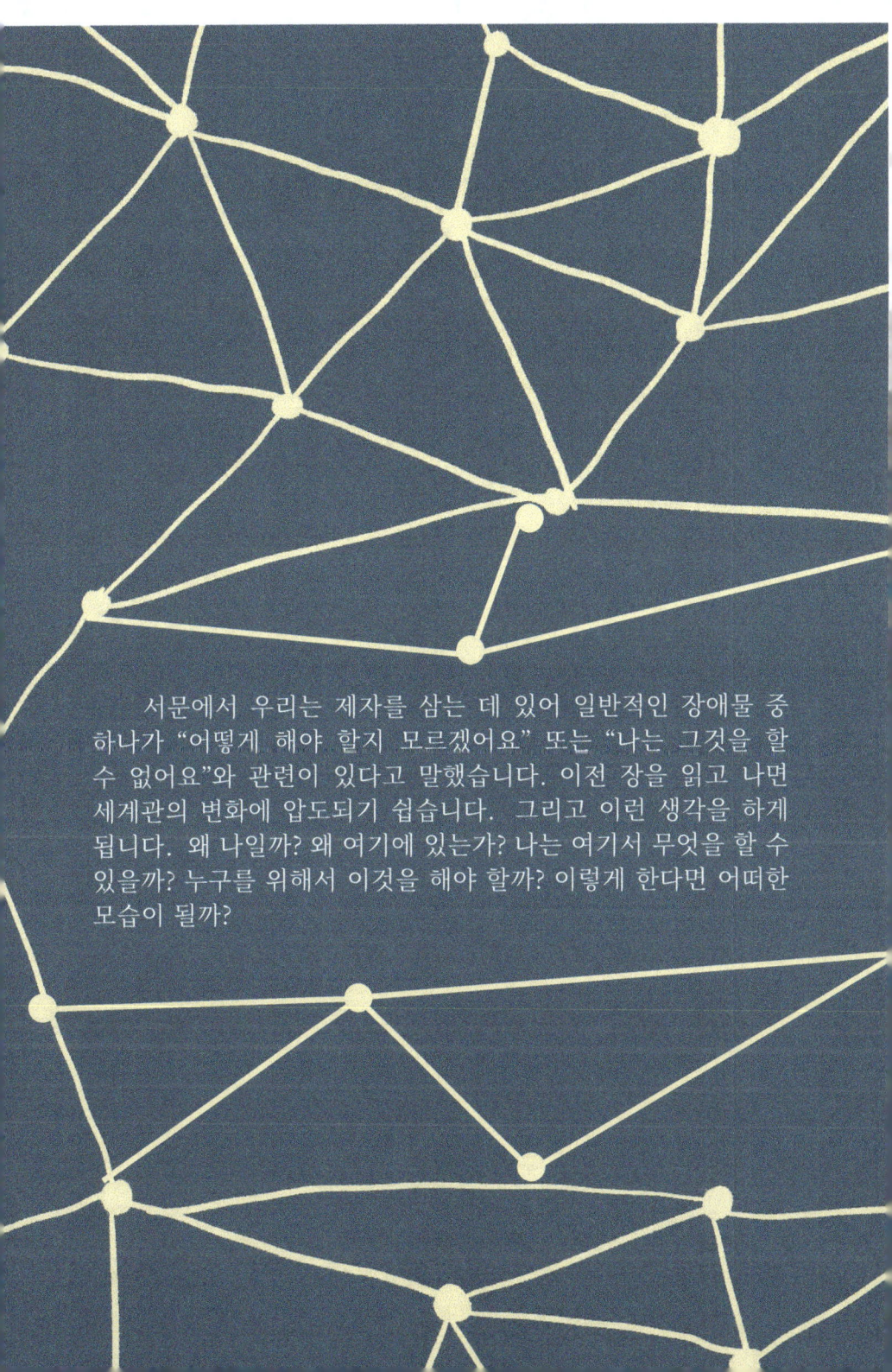

서문에서 우리는 제자를 삼는 데 있어 일반적인 장애물 중 하나가 "어떻게 해야 할지 모르겠어요" 또는 "나는 그것을 할 수 없어요"와 관련이 있다고 말했습니다. 이전 장을 읽고 나면 세계관의 변화에 압도되기 쉽습니다. 그리고 이런 생각을 하게 됩니다. 왜 나일까? 왜 여기에 있는가? 나는 여기서 무엇을 할 수 있을까? 누구를 위해서 이것을 해야 할까? 이렇게 한다면 어떠한 모습이 될까?

질문 #1

왜 나인가?

너희는 하나님의 성전이며
하나님의 영이 너희 안에 거하시느니라

본론에 들어가기 전에 먼저 생각할 것은 "난 어떻게 하는지 모르겠어" 아니면 "난 할 수 없어"라는 말에는 근본적인 것이 있습니다. 그들은 하나님 앞에서 그리고 우리를 향한 그 분의 부르심 앞에서 부족함을 느끼는 감정을 해결하고 싶어합니다.

스스로를 '고칠' 수 있을 때까지 자신을 그리스도께 맡기지 않으려는 사람들에게서 이런 감정을 종종 발견할 수 있습니다. 이것은 에덴동산에서 있었던 최초의 인간 이야기를 떠올리게 합니다.

창세기는 하나님께서 아담과 하와와 함께 동산을 거니셨지만 첫 번째 범죄 이후에 그들은 자신들을 숨겼고 벌거벗음을 발견하고 자신들을 가리려고 노력했다고 말합니다. (창 3장) 죄의 본성 중 하나는 우리 모두가 어떤 면에서는 하나님과의 관계에 미치지 못했다는 사실을 알고, 옷으로든 변명으로든 자신을 가리고자 하는 필요성을 느끼는 것입니다.

모세의 생애는 우리에게 또 하나의 예시를 제공합니다. 출애굽기 3장에서 모세는 미디안 땅에서 장인 이드로의 양떼를 치고 있었습니다. 왜냐하면 그는 사람을 죽이고 도망친 이집트 왕자였기 때문입니다. 출애굽기 2장 23절에 따르면 그는 "여러 날" 동안 이 일을 해왔으며, 이는 아마도 몇 년 동안을 의미할 것입니다.

그 동안 하나님께서는 이집트에 있는 히브리 노예들의 어려움을 주목하시고 그들을 대신하여 구원의 조치를 취할 준비가 되어 계셨습니다. 히브리 부모에게서 태어났음에도 불구하고 이집트 왕 바로의 궁전에서 자란, 전 왕자 모세는 양을 치며 살고 있었습니다.

갑자기 하나님은 불타는 떨기나무의 모습으로 나타나셨지만 떨기나무는 불에 타서 없어지지 않았습니다. 모세는 그 나무를 발견하고 그것을 확인하려고 움직입니다. 그는 이 만남이 그의 삶에 어떤 변화를 가져올지 상상할 수 없었습니다.

하나님께서는 불타는 떨기나무 가운데서 모세에게 "네가 선 곳은 거룩한 땅이니 네 신을 벗으라"고 말씀하셨습니다. (출 3:5) 하나님께서는 그에게 "이제 가라. 내가 너를 바로에게 보내어 내 백성 이스라엘 자손을 애굽에서 인도하여 내게 하리라." 고 하셨고 모세의 첫 번째 대답은 "내가 누구이기에 가겠습니까..."였습니다.

"내 말을 믿지도, 듣지도 않으면 어떻게 합니까?", "나는 말을 잘하지 못합니다"라는 변명이 이어집니다. 우리는 이 장의 뒷부분에서 이 이야기로 다시 돌아올 것입니다. 그러나 위 장애물에 대한 중요한 답변은 하나님의 다음과 같은 말씀에서 찾을 수 있습니다.

"여호와께서 그에게 이르시되 누가 사람의 입을 지었느냐 누가 말 못 하는 자나 못 듣는 자나 눈 밝은 자나 맹인이 되게 하였느냐 나 여호와가 아니냐 이제 가라 내가 네 입과 함께 있어서 할 말을 가르치리라"(출 4:11-13).

하나님은 우리의 한계, 어려움, 개인적인 실패를 알고 계십니다. 하나님보다 우리를 더 깊이 아는 분은 없습니다. 그러기에 '하나님께서 나를 잘 못 선택한 것'이라고 우리가 말할 수 있는 모든 타당한 이유에도 불구하고, 그 선택은 맞습니다.

하나님의 계획은 종종 우리를 자격이 없거나 준비되지 않은 상황에 놓이게 함으로서, 가능케하심은 우리 자신의 능력에 의한 것이 아니라 하나님의 능력에 의한 것임을 알게 하십니다.

모세는 자신의 힘으로 이스라엘 백성을 구하려고 이집트 사람을 죽였으나 뜻대로 되지 않았고 광야로 쫓겨났습니다. 이제 나이가 많아졌고 광야로 쫓겨난 그에게 하나님은 단순히 그 분의 뜻을 따르라고 부르셨습니다. 그 분께서 행하실 때 당시 세상에서 가장 위대한 왕국은 그 분 앞에 무릎을 꿇었고 이스라엘 사람들은 해방되었습니다.

히브리인들을 해방시킨 분은 모세가 아니라 모세를 통해 역사하신 하나님입니다. 거룩한 땅은 불타는 떨기나무가 아니라 하나님의 임재였으며, 모세가 그 곳을 떠날 때 하나님과 함께 갔듯이 우리도 마찬가지입니다. 아이들은 흔히 예수님이 우리 마음 속에 사신다고 배우는데, 이는 단지 어린이들에게 하는 말이 아니라, 지금 우리가 바로 거룩한 땅이며, 세상으로 나가는 하나님의 성전임을 일깨워주는 것입니다.

자세한 관찰

어떻게 적용할까요?

테드는 결혼하여 두 자녀와 래브라도 개 한 마리를 키우는 전기 기술자입니다. 근무하지 않을 때 테드는 자신이 속한 Example City FC축구팀과 함께 시간을 보내거나, 낚시와 볼링을 합니다. 그는 신학 교육을 받은 적이 없으며 심지어 주일에 교회에 참석하려는 동기 부여에도 어려움을 겪고 있습니다.

테드는 이렇게 생각합니다. "하나님은 나를 제자로 부르지 않으실 거야. 나는 목사도 아니고 좋은 크리스챤도 아니잖아."

하지만 직장 외에는 별로 밖에 나가지 않는 그의 동료들이 있다면 그들에게 테드 외에 누가 다가갈 수 있을까요? 힘든 하루를 보냈음에도 불구하고 낚시가게 점원이 미소를 지을 수 있도록 도와줄 사람은 누구입니까? 자신의 삶에 뭔가가 빠져 있다고 느끼는, 함께 볼링을 치는 동료의 고민에 누가 대답해 줄 수 있습니까? 그가 속한 Example City FC의 축구 경기 도중에 말다툼이 일어난다면 누가 중재하겠습니까?

무엇보다 그의 자녀들을 인도하고 아내와 함께 하나님 안에서 성장할 사람은 누구입니까? 오직 테드만 실행할 수 있는 기회가 주어져 있고, 하나님은 그를 그 곳에서 사용하기를 간절히 원하십니다. 그가 아니라면 누가 할 수 있겠습니까?

때로는 '거룩한 땅'이 실제로 무엇을 의미하는지 이해하기 어려울 때가 있습니다.

언약궤는 금으로 만든 상자로서 십계명을 담고 있으며 예수님 이전에 이 땅에 존재하신 하나님의 임재였습니다. 언약궤는 매우 거룩했기 때문에 언약궤가 보여질 때나 이곳저곳으로 이동할 때 따라야 할 일련의 의식과 절차가 있었습니다. 사무엘하 6장 6-8절에 보면 다윗은 궤를 옮겨야 했고, 그것을 옮기는 과정에서 웃사가 손을 뻗어 그것을 만졌을 때 즉시 죽었습니다. 성전의 지성소도 마찬가지로 신성한 장소였기 때문에 그곳에 들어가기 위해 자신을 깨끗이 하는 과정을 레위기 16장 전체에서 설명하고 있습니다.

예수님께서 이 세상에 오신 이후 오늘날 세상에서 하나님의 거룩하심의 놀라운 능력을 깨닫는 것은 어려운 일입니다. 예수님이 오시기 전에 하나님의 임재는 언약궤나 지성소에 집중되어 하나님의 임재를 기억하게 했습니다. 예수님께서 최고계명을 언급하셨을 때, 그 분은 당신과 함께 새로운 언약궤를 만들고 계셨습니다. 이제 당신이 가는 곳마다 당신은 하나님의 놀랍고 거룩한 임재를 지니고 있습니다. 그 분의 사랑과 능력을 나타내는 살아 숨쉬는 상징입니다.

너희는 너희가 하나님의
성전인 것과 하나님의
성령이 너희 안에
거하시는 것을
알지 못하느냐?

고린도전서 3장 16절

당신이 바로 새 언약궤입니다. 당신이 취하는
모든 발걸음이 바로 거룩한 땅입니다.

질문 # 2

나는 여기서
무엇을 하는가?

하나님의 뜻에 귀를 기울이기

엘리야는 구약에서 가장 위대한 선지자 중 한 사람이었습니다. 그는 사악한 여왕, 제사장 무리들과 맞붙었고, 가뭄을 일으키고, 죽은 자를 부활시켰습니다.

확실히 그는 하나님의 충실한 종입니다! 그러나 엘리야는 두려움 속에 살았으며 사악한 왕비 이세벨에게 생명의 위협을 받은 후 하나님께서 자신의 생명을 거두시기를 바라며 광야로 도망쳤습니다.

그의 생명을 거두시는 대신 하나님은 그에게 음식과 물을 공급하셨고, 결국 엘리야는 낙심하고 우울에 빠져서 죽을 준비를 하고 동굴 안쪽에 앉아 있었습니다. 그가 패배감을 느낀 가운데, 주님의 음성이 엘리야에게 임하였습니다. "엘리야야, 네가 어찌하여 여기 있느냐?" (왕상 19장).

엘리야는 이스라엘이 하나님을 버렸고, 그들이 모든 선지자를 죽였고, 오직 자기만 남았다고 하나님께 담대하게 말했습니다. 설상가상으로 엘리야는 "내가 만군의 하나님 여호와를 위하여 열심이 특심하오니"라고 말합니다. "인생은 공평하지 않다" 라는 말이겠죠.

주님은 엘리야에게 그 굴에서 나오라고 말씀하십니다. 성경은 "주께서 지나가셨다!"고 말합니다 (왕상19:11). 엘리야는 거기에 서 있는 동안 큰 바람과 지진과 불을 경험했습니다. 그러나 바람과 지진과 불 속에도 하나님은 계시지 않았습니다.

그리고 나서 엘리야는 부드럽게 속삭이는 소리를 듣습니다. 엘리야는 동굴 입구에 나가 섰습니다. 그러자 다시 하나님의 음성이 그에게 임했습니다. "엘리야야, 네가 여기서 무엇을 하느냐?"

엘리야는 그의 불행에 대한 변명을 한번 더 반복합니다. 아직 완수해야 할 사명이 더 남아 있었기에 하나님께서 그에게 "가라"고 하십니다. 엘리야는 광야에서, 동굴에서 보내는 시간 동안 이스라엘로 돌아가라는 하나님의 명령을 들었지만, 이세벨에 대한 두려움과 배고픔과 목마름, 우울함과 그의 사역에 대한 두려움이 너무나 컸습니다.

그는 강하고 능력있어 보이는 바람과 불 속에서 자기에게 말씀하실 하나님을 찾기 시작하였지만 거기에 안 계셨습니다. 과연 바알 제사장들 앞에서 하늘의 불을 내리셨던 그 하나님이 아니라는 말입니까?

그러나 엘리야는 이 동굴에서 하나님과의 만남을 통해 하나님의 음성을 듣는 것이 아주 강력하고 경외심을 불러일으키는 기적에 관한 것이 아니라, 불이 내리기 전의 기도이며, 과부의 아들을 구하기 위한 간구이며, 들을 수 있는 침묵만 찾을 수 있다면 언제나 그 곳에 계신 하나님의 조용한 바람임을 깨닫게 됩니다. 내가 여기서 무엇을 하고 있는가라는 질문은 세상이 우리에게 등을 돌리고, 이 세상에서 모든 것을 잃은 것처럼 느껴질 때 우리가 스스로에게 물어보는 질문입니다. 이는 우리에게 하나님의 뜻을 구하도록 상기시켜 주며, 조용한 가운데 그 분은 우리가 어디로 가야 하는지 알려 주실 수 있습니다.

엘리야가 이것을 깨달은 후에야 그의 사역은 다시 한 번 도약합니다. 그 정점은 엘리야가 엘리사를 발견하고 그를 제자로 삼아 엘리야 자신보다 훨씬 더 위대한 선지자로 양육하는 때입니다.

"네가 여기서 무엇을 하느냐?" 우리 삶의 매 순간마다 하나님의 이 질문이 우리를 둘러싸고 있습니다. 그것은 우리에게 응답을 요구합니다. 우리는 지금 이 장소에서 무엇을 하고 있는 걸까요? 왜 직장, 학교, 쇼핑, 친구, 이웃과 함께 저녁을 먹으러 가나요? 어쩌면 "우리는 왜 교회에 다니나요?"라는 질문까지 답해야 합니다.

하나님은 우리가 어디에 있든 항상 우리가 해야 할 일을 주십니다. 엘리야는 동굴에 숨었습니다. 베드로는 옥상에서 여유를 즐기고 있었습니다. 때때로 우리는 헛간에 숨습니다. 주님은 "네가 여기서 무엇을 하느냐?"고 물으십니다.

여기 간단한 테스트가 있습니다. 우리가 접하는 사람들의 이름을 알고 있습니까? 이번 주에 우리가 방문한 마트나 주유소의 계산원 이름을 알고 있나요? 우리는 단지 우유나 계란을 사러 가게에 가는 것이라고 생각할 수도 있지만 실제로는 계산대에서 근무하는 사람을 만날 수 있게 만드는 하나님의 계획의 일부로 우리가 그 곳에 있는 것입니다.

우리가 사람들과 만나는 모든 만남은 하나님의 사랑을 나누는 기회입니다. 이 사람들은 우리의 일상에서 지속적으로 주시는 하나님의 기회입니다.

하나님은 우리가 만나는 각 사람들에게 말씀하시기를 원하십니다. 예외는 없습니다. 우리는 가는 곳 어디서든지 사람들을 사랑하고 그들이 누구인지에 대해 관심을 갖습니다.

우리는 더 이상 사람들을 교회로 끌어들이거나 소그룹으로 오게해서 부끄러움을 경험토록 만들지 않습니다. 우리가 가는 곳이 어디든지 우리가 교회입니다.

우리의 초점은 무엇입니까? 하늘 나라를 위한 것이 아니라면 우리는 지금 무엇을 하고 있습니까? 우리가 일어나고, 일하러 가고, 학교에 가고, 외식하고, 가게에 가는 이유는 하나님께서 우리 앞에 두신 기회를 발견하게끔 하기 위한 것입니다.

누가 알겠습니까, 엘리사를 만날 수도 있을 것 입니다.

자세한 관찰

어떻게 적용할까요?

테드는 Example City FC 경기장에 있었는데 Metaphor United의 팬이 우연히 EC FC 팬의 손에 나초를 떨어뜨려서 싸움이 벌어지기 직전이었습니다. 테드는 원래 경기를 보기 위해 이곳에 왔지만, "내가 여기서 무엇을 하는가?"라고 질문을 하고 나니, 기회가 보였습니다. 테드는 양측 모두에게 새로운 나초를 사겠다고 제안했고 그래서 양쪽에 아무런 피해가 없었습니다.

이것이 양쪽의 삶에 큰 변화를 주겠습니까? 아마도 아닐 수도 있지만 사건 주변에 있던 사람들에게 큰 영향을 미칠 것입니다. 싸움은 그냥 구경하면 끝나지만 완전히 낯선 사람이 베푼 친절은 다음 날 사람들 사이에 이슈가 되는 것입니다.

질문 #3

어떻게 시작해야 하나?

손에 무엇을 들고 있는지 보라.

모세와 불타는 떨기나무 이야기로 돌아가 보겠습니다. 우리가 제자의 길을 시작할 때 모세가 하나님께 물었던 가장 연관성이 높은 질문 중 하나는 "만일 그들이 나를 믿지도 아니하고 듣지도 아니하면 어찌하리이까"(출 4:1)입니다. 모세가 깨달은 것보다 더 많은 것을 밝혀 주는 대답으로서 하나님께서는 그에게 다음의 질문으로 응답하셨습니다. "네 손에 든 것이 무엇이냐?"

모세는 당대 가장 강력한 왕국에 속한 왕족인 바로의 딸의 아들로 자랐지만, 불타는 떨기나무를 만날 때에는 장인을 위해 일하는 비천한 목자에 지나지 않았습니다.

그는 믿음직한 지팡이 외에는 거의 아무것도 소유하지 않은 것 같습니다. 하나님께서 그 지팡이를 땅에 던지라고 하셨고 그것이 뱀으로 변했습니다! 얼마 지나지 않아 하나님은 그에게 그것을 다시 집어들라고 말씀하십니다. 이는 하나님을 신뢰하는 또 다른 훈련입니다. 그 후에 하나님은 모세에게 그의 품에 손을 넣으라고 말씀하셨습니다. 그가 손을 품에 넣었다가 다시 꺼내어 보니 문둥병으로 뒤덮여 있는데, 그 당시에는 사실상 느리고 고통스러운 사형선고였습니다. 그가 손을 다시 품에 넣고 꺼내 보니 그것은 깨끗하고 정결하게 돌아왔습니다.

모세는 만물을 다스리는 절대주권을 가진 하나님을 섬기는 존재이므로 돈이 많든, 외제차를 몰든, 학력이 있든 문제가 되지 않습니다.

당신은 병을 낫게 하고, 불을 꺼지게 하고, 생명을 창조하며, 이미 당신의 한계를 알고 있으면서도 이 사명을 위해 당신을 선택하신 하나님을 섬기고 있습니다. 당신에게는 그 분의 목적을 달성하는 데 필요한 모든 것이 있습니다. 당신에게 필요한 유일한 것은 그 분에 대한 절대적인 신뢰입니다.

결국 질문은 이것입니다. 우리는 우리의 삶을 자신을 위해, 아니면 하나님을 위해 사용할 것입니까? 우리는 제자를 삼을 수 있는 다리를 놓으려고 노력할 것입니까, 아니면 두려움, 의심, 심지어 불순종 속에 숨는 것을 선택할 것입니까? 모세는 하나님으로부터 "네 손에 있는 것이 무엇이냐?"는 질문을 받았습니다. 그는 "지팡이입니다"라고 대답했습니다. 그 지팡이는 출애굽기 이야기에 계속해서 등장합니다.

우리는 하나님께서 우리 손에 맡기신 것이 무엇인지를 성실하고 정직하게 바라보아야 합니다. 그런 다음 겸손한 순종으로 그것을 하나님의 영광을 위해 사용하려고 노력해야 합니다. 이것을 기억하십시오, 하나님께서는 준비시키지 않는 일을 위해 우리를 부르시지 않습니다.

하나님은 준비시키지 않으신 일을 하도록 우리를 부르지 않으십니다.

자세한 관찰

어떻게 적용할까요?

테드가 경기장에서 나초를 사기로 결정하기 전에는 "다른 사람들이 처리하겠지. 나도 모르는 사람들인데!"라고 말하기가 쉬웠을 것입니다. 그러나 그 대신에 자신이 가지고 있는 것을 살펴보았는데, 이 경우에는 지갑이었습니다. 그것이 눈에 보이지 않더라도 영향력을 미칠 수 있었습니다.

마가복음 4장에 보면, 예수님은 갈릴리 바닷가에서 하루를 보내고 계십니다. 너무 많은 사람들이 관심을 갖고 있기 때문에 그분은 해안에서 가까운 거리가 있는 배 위에서 가르쳐야만 했습니다.

평소와 마찬가지로 그날 그의 가르침의 중심은 하나님의 나라였습니다. 예수님은 하나님 나라에 대해 말씀하실 때 종종 비유로 말씀하셨습니다. 우리가 앞에서 보았고 또다시 보게 될 씨 뿌리는 사람의 이야기를 이 날에 들려주셨습니다.

그는 씨앗이 자라는 비밀에 대해 이야기하는데, 새들이 둥지를 만들 수 있을 만큼 큰 가지로 자라난 작은 겨자씨에 대해 이야기합니다.

하나님께서는 이력서를 비교하는 일이 아니라 씨앗을 뿌리는 일을 위해 우리를 부르셨습니다. 디모데후서 2장 15절에서 바울은 젊은 디모데에게 "인정된 자로 자신을 하나님 앞에 드리기를 힘쓰라..." 그는 "너의 최선은 나의 최선만큼 따라와야 한다"라거나 "디도가 하는 것만큼 하라"고 말하지 않습니다. 그는 단지 "너의 최선을 다해라"라고만 말합니다.

이 본문의 '너(you)'는 복수형이 아닌 단수형입니다. 우리는 하나님이 우리를 창조신 것이 아닌 다른 것이 되기를 바라며 인생을 허비할 필요가 없습니다. 주님께서는 나를 위한 최고의 나에 관심이 있으시고 당신을 위한 최고의 당신에 대해 관심을 갖고 있습니다.

제자들은 하나님 나라의 이러한 중요한 원칙을 이해하는 데 시간이 걸렸습니다. 이것은 완전히 새로운 삶의 방식이며 그들은 하나님을 온전히 신뢰하는 것에 어려움을 겪고 있었습니다.

마가복음 4장 35절에서 예수님은 "저편으로 건너가자"고 말씀하십니다. 그들은 지금쯤 예수님께서 항상 어디론가 움직이고 계시다는 것을 알고 있지만, 그들을 위해 준비된, 그들 앞에 놓인 모든 것에 대해서는 알지 못했습니다.

바다를 건너시는 동안 예수님은 잠이 드셨는데, 갑자기 큰 폭풍이 일어났습니다. 배가 가라앉으려고 했고 그들은 당황하여 예수님을 깨우고 "우리가 죽게 된 것을 돌보지 않으시나이까?"라고 물었습니다. 예수님께서 일어나 바람을 꾸짖으시며 바다에게 "잠잠하라, 고요하라"고 말씀하셨습니다. 바람이 그쳤습니다. 바다가 잔잔해졌습니다. 예수님께서는 큰 소리로 그들에게 "어찌 믿음이 없느냐?"라고 다그쳤습니다.

제자들의 질문은 실제적인 문제를 드러냅니다. 그들은 "그가 누구이기에 바람과 바다도 순종하는가" (막 4:41)라고 했습니다. 그들은 아직 예수님이 누구신지 온전히 깨닫지 못했습니다.

그들이 바다 건너편에 도착했을 때, 묘지에 살면서 벌거벗고 뛰어다니고 있는 귀신들린 자를 만났습니다. 그는 대답하기를 귀신이 너무 많아서 그 이름이 '군대'라고 했습니다.

예수님께서 강력하게 귀신을 쫓아내시자 그 사람은 제정신이 되고 침착해지며 자신의 행동을 통제하게 됩니다. 예수님께서는 그 사람에게 자기 동족에게 가서 예수님께서 그에게 행하신 일을 증언하라고 말씀하셨습니다.

곧 예수님은 다시 한 번 바다를 건너가시려고 하였습니다(5:21). 제자들이 그 모습에 대해 어떻게 생각했는지 파악해 보는 것도 흥미로울 것입니다! 과연 예수님은 이 귀신들린 한 사람을 위해서 갈릴리 바다 건너까지 오셨을까요?

이 사건은 예수님의 지상사역에서 매일 보여 주셨던 사랑의 수준을 넘어서는 것입니까? 이 사람은 변화되어 데가볼리라는 지역의 열개의 도시에 예수님에 관해 전하도록 보냄을 받았습니다.

그들이 바다 건너편으로 돌아오자 또 많은 군중들이 모여들었습니다. 예수님은 딸이 죽어가는 회당장 야이로라는 사람을 만났습니다.

야이로의 집으로 가는 길에 혈루증을 앓는 여인이 예수님을 만졌더니 즉시 나았습니다. 예수님은 언제나 기꺼이 방해를 받으시려고 하는 것 같습니다. 그 분은 멈춰서서 이 여자에게 "딸아 네 믿음이 너를 구원하였느니라"(막 5:34)고 말씀하셨습니다.

그 대화 중에 사람들이 와서 야이로의 딸이 죽었다는 소식을 전했습니다. 예수님께서는 그 집에 가셔서 그 여자 아이를 다시 살리셨습니다.

이 이야기들은 우리에게 강력하게 말하고

있습니다. 예수님께서는 너무 바쁘다는 이유로 주변사람들의 상황을 눈치체지 못한 적이 없는데 우리도 똑같아야 하지 않을까요? 그 분은 자신에게 주어진 문화적 환경에서 가장 낮고 가장 어려운 사람들을 돕기 위해 힘쓰셨습니다.

우리는 때때로 "너무 바빠서 눈치 채지 못한 채" 하나님께서 우리 앞 길에 마련하신 많은 기회를 놓치고 있지 않습니까? 예수님을 따르는 것은 우리가 '얼마나 아느냐' 가 아니라 우리가 '어떻게 사느냐'에 대한 것입니다.

우리가 항상 안전한 헛간에서 영적인 삶을 찾을 때 우리는 생활이 아닌 지식에 집중할 가능성이 높습니다. 결국, 내 앞에 있는 사람이 내가 해야 할 일보다 더 중요합니다.

우리 주변에는 예수님을 찾고 있지만 그 분을 어디서 찾을 수 있는지 모르는 사람들이 있습니다. 그들은 그 분이 어떤 모습인지 조차 확신하지 못합니다. 하나님께서 어떤 사람 위하여 그의 증인이 되라고 당신에게 그 사람을 주셨습니까? 바로 앞에 있는 사람은 누구입니까? 그런데 왜 폭풍 속의 제자들처럼 자기 자신에게만 집중하고 있습니까?

우리 앞에 있는 사람, 옆에 있는 사람, 주변에 있는 사람을 보는 법을 배우기 전까지는 제자를 삼는 사람이 될 수 없습니다.

우리
주변에는
예수님을
찾고 있지만
어디에서
찾을 수
있는지
모르는
사람들이
있습니다.

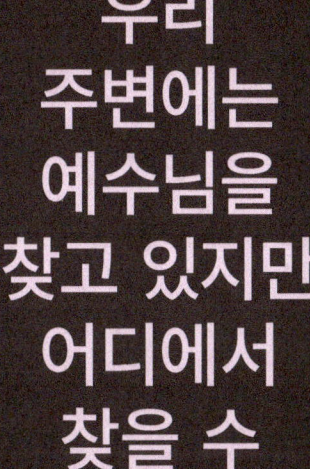

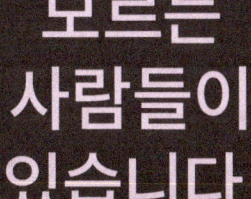

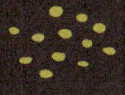

자세한 관찰

어떻게 적용할까요?

테드의 하루는 보통 다음과 같습니다. 그는 아침에 일어나서 출근까지 시간이 빠듯하기에 출근길에 커피를 마시기로 합니다. 그가 출근하면 그는 몇 가지 전기 작업을 해야 하는 다른 아파트로 보내집니다. 그는 점심시간에 근처에 있는 패스트푸드점에서 점심을 먹고 회사로 돌아옵니다. 모든 일이 끝나고 주유소에 가서 기름 넣고 야구 연습을 마친 자녀들을 데리고 오면서 아이들 친구 중 한 명을 집에 태워줍니다. 집에 도착하면 저녁을 먹고 테드는 몇 가지 집안 일을 마치고 잠잘 때까지 휴식을 취합니다.

어느 날 테드는 하나님께서 그에게 나아가라고 하셨을만한 사람들을 만났습니다. 커피숍과 패스트푸드점과 주유소의 계산대에서 근무하는 사람들, 그의 동료나 아파트의 고객들, 그의 자녀들, 그들의 코치, 또는 자녀들의 친구들. 아마도 더 있을 것입니다! 그날 테드가 만나는 모든 사람은 하나님께서 그가 만나도록 만든 사람들일 것입니다!

우리는
제자를 삼는
사람이 될
기회를 찾을
것입니다.

질문 #5

모두가 나처럼
제자를 만든다면
어떻게 될까?

고린도전서에서 바울은 "내가 그리스도를 본받는 자가 된 것 같이 너희는 나를 본받는 자가 되라"(고전 11:1)고 말하면서 제자 삼는 문제를 성경적 맥락에 두었습니다. 더 킹덤 신약성경(The Kingdom New Testament)에서는 이 구절을 "내가 메시아를 모방하는 것처럼 나를 모방하십시오(Copy me as I am copying the Messiah)" 로 번역합니다.

제자를 삼는 데 탁월한 재능을 갖고 있는 바울조차도 자신이 관심의 중심에 놓이지 않도록 조심합니다. 그는 그리스도가 우리 관심의 중심이 되기를 원합니다. 다른 사람들이 그들 삶의 표본으로서 우리 삶의 증인이 되는 것 처럼 우리 안에서 그리스도를 보게 하는 방식으로 사는 것이 모든 신자들의 중심적인 문제입니다.

이것이 우리가 짚고 넘어가야 할 질문입니다. 즉, 그리스도를 닮은 제자를 삼는 일이 나의 관심사이며 다른 신자들에게 귀감이 될만한 가치가 있습니까? 바울은 "내가 그리스도를 본받는 자가 된 것 같이 너희는 나를 본받는 자가 되라"라는 말을 하기 직전에 고린도에 있는 동료들에게 제자를 삼는 일에 관심을 갖게 된 이유를 밝혔습니다.

고린도전서 9장 19-23절에서 그는 자신을 둘러싼 다양한 문화적 상황을 설명합니다. 그는 제자를 삼기 위해 그러한 각각의 문화적 현실에 순응하고자 합니다. 이 짧은 문단에서 그는 "얻고자"라는 단어를 다섯 번이나 사용합니다. 그런 다음 여섯 번째로 그 단어를 예상할 수 있는 부분에서는 "얻고자"를 " 구원하고자"로 바꿉니다.

이러한 다양한 문화적 상황에 참여하기 위해 필요한 모든 일을 하려는 그의 의지는 한 가지 핵심 아이디어에 뿌리를 두고 있습니다. 즉 그는 그리스도께로 "그들을 얻고자" 함이었습니다.

"얻고자"를 온전하게 정의한 그의 말을 요약하면 다음과 같습니다. "내가 여러 사람에게 여러 모습이 된 것은 아무쪼록 몇 사람이라도 구원하고자 함이니"

하나님 나라의 지도자로서 메시아를 우리의 삶에서 본받는다는 말이 우리 각자에게 진실인가요? 이러한 생각은 제자를 삼는 "그들의" 프로그램에 그들 스스로를 가두는 지도자들의 자아 중심성의 위험에서 벗어나게 합니다.

제자를 삼는 일은 "모든 경우에 적용되는 일률적인" 것이 아닙니다. 예수님의 본을 따르는 우리 각자가 꼭 알아야 할 것은, 그 사람들에게 그리스도를 믿는 믿음의 증인이 되기 위해 "여러 사람에게 여러 모습이 된 것"이 우리의 상황에서 무엇인지를 알아야 합니다.

헨리 포드가 조립라인을 발명한 것은 제자를 양성하기 위한 것이 아니라 자동차를 만들기 위한 것이었습니다. 빌 헐(Bill Hull)은 "어떤 사람들은 제자도를 세상에 다가가기 위한 번성에 기반을 둔 생산 계획으로 바꾸려고 노력합니다"라고 지적합니다. 그러나 하나님은 우리를 똑같이 만들지 않으셨으며, 제자 삼기에 대한 우리의 접근 방식, 즉 제자 삼기에 대한 우리의 관심은 우리가 누구인지, 그리고 하나님께서 어떤 식으로 그 분을 섬기도록 우리를 어떻게 배정하셨는지를 고려해야 합니다.

누가복음의 마지막 부분에서 우리는 지난 며칠 동안 예루살렘에서 일어난 소란스러운 사건 이후 엠마오의 집으로 걸어가던 두 사람에 관한 감동과 격려의 이야기를 읽습니다. 전체 이야기는 누가복음 24장 13-35절에서 찾아볼 수 있습니다.

두 사람은 그들이 메시야라고 생각했던 분이 십자가에 처형되었기 때문에 낙담하고 걱정하고 있습니다. 갑작스럽게 예수님께서 그들과 함께 걷고 계시지만 그들은 그 분을 알아보지 못합니다. 그들 중 한 사람인 글로바는 지금 그들과 함께 걷고 있는 이 낯선 사람에게서 무슨 일이 있냐고 질문을 받았을 때 예수님에 관한 이야기를 들려줍니다.

실제로 글로바는 복음을 훌륭하게 요약했지만, 예루살렘에서 예수님께 일어났던 사건과 예수님의 메시지를 마음 속으로 연결시킬 수는 없었습니다.

그런 다음 이 낯선 사람은 -그들의 눈은 여전히 가려져 그 분을 알아보시 못함(24:16) - 예수님에 대해 성경이 말하는 모든 것을 설명하기 시작합니다. 누가가 말했듯이, 그 분은 "이에 모세와 모든 선지자의 글로 시작하여 모든 성경에 쓴 바 자기에 관한 것을 자세히 …"(24:27) 설명합니다. 그들이 엠마오에 도착했을 때, 그 낯선 사람은 여행을 계속하려는 것처럼 보였지만 그들은 그에게 저녁 식사를 위해 그들과 함께 머물 것을 요청했습니다.

저녁 식탁에서 그 분은 빵을 가져다가 축복하시고 그들에게 주셨습니다. 바로 그 순간, "그들의 눈이 밝아져 그인 줄 알아 보더니 예수는 그들에게 보이지"(24:31) 않았습니다.

이 둘은 무엇을 했습니까? 어두운 밤에 그들은 예루살렘으로 달려가 사도들과 다른 사람들에게 부활하신 그리스도를 보았다고 말했습니다. 예수님을 만난 그들은 더 이상 가만히 있을 수 없었습니다.

많은 사람들은 왜 "그들의 눈이 가려져 그 분을 알아보지 못하였"는지에 대해 추측해 왔습니다. 아마도 그 이유는 만일 예수님께서 즉시 인식되셨다면, 그들은 그에게 일어난 일이 구약 성경에 묘사되어 있다는 것을 들을 기회가 없었을 것이기 때문일 것입니다.

그러나 예수님께서 빵을 떼시자(유대인의 방식으로 함께 참여하고 삶을 나누는 방식) 모든 것이 바뀌었습니다. 예수님께서 그 저녁 식탁에서 행하신 일은 그 분이 그들에게 가르치신 내용을 확증하는 역할을 했습니다.

제자를 삼는 일에 대한 우리의 관심을 나타내는 확실한 지표는 예수님이 메시야라는 우리의 믿음을 확증하기 위해 우리가 가르치는 사람들을 위해 기꺼이 무엇을 할 것인지에 반영됩니다. 이 두 사람은, 예수님께서 행동으로 자신의 이야기를 확증하신 후, 좋은 소식을 전하기 위해 예루살렘으로 달려갑니다.

우리에게 있어서 우리의 "행함"은 기도하는 것과 다른 사람들에게 기도하도록 가르치는 것일 수 있습니다. 그것은 성경을 공부하고 다른 사람들에게 공부하도록 가르치는 것일 수도 있습니다. 가장 중요한 것은 제자 삼는 과정에서 우리가 식료품점에 가서 하나님께서 우리를 부르신 대로 사람들에게 반응할 수 있다는 것을 모범으로 보여주는 것일 수 있다는 것입니다.

그들이 제자를 삼는 사람이 되기 위하여 하나님께서 이미 "그들의 손에 맡기신" 것이 무엇인지 알게 하도록 도와줄 수 있습니까? 예수님 시대에서부터 전해 내려온 유대인의 속담이 있습니다. "당신이 랍비의 먼지로 덮이기를 바랍니다." 그 시절 학생들은 스승을 닮고 싶어 했고, 스승의 샌들 먼지가 옷에 다 묻을 정도로 스승의 뒤를 바짝 따라가고 싶어 했습니다.

우리 학생들은 우리가 그리스도를 따르는 것처럼 우리 뒤를 바짝 따라오며 이 모범에서 교훈을 얻고 있습니까? 제자를 삼는 일에 대한 우리의 관심이 제한되어 있다면 우리는 그들에게서 더 이상 기대할 수 없습니다.

이제는 우리가 어떻게 행동하는지에 한번 더 집중해야 할 때인 것 같습니다. 우리의 거룩함을 가지고 다니기 편한 작은 상자에 담았습니까? 아니면 우리가 만나는 모든 사람에 대한 사랑으로 거룩함이 불타오르고 있습니까?

우리는 그 분이 만난 모든 사람, 즉 귀신들린 남자, 혈루증을 앓는 여인, 죽어가는 어린 소녀와 슬픔에 빠진 그녀의 아버지, 겁에 질려 혼란에 빠진 제자들에게서 잠재력을 보았던 예수님과 같습니까?

제자를 삼는 데 있어서 예수님을 따르는 것은 시스템이나 생산 라인, 또는 "내가 하는 것과 똑같이 당신이 해야 한다"는 느낌으로 인해 복잡해 질 필요가 없습니다. 우리가 우리 자신을 제자 삼는 일의 중심이라고 하면 할수록, 성령께서 우리를 증거로 사용하여 세상의 죄와 의와 심판에 대해 깨닫게 하실 기회의 여지를 적게 드리는 것입니다.

우리의 목표가 사람을 따르는 것이 아닌 메시아를 따르는 것임을 결코 잊어서는 안 되고 다른 사람들에게도 상기시켜야 합니다. 이 다섯 가지 질문에 비추어 우리 자신의 삶을 솔직하게 평가해 보면 우리가 아직도 자신에게 할 일이 있다는 것을 알 수 있습니다.

우리는 우리의 삶에서 약간의 분노, 인종 차별, 계급 차별 또는 일반적으로 나쁜 태도를 발견할 수도 있습니다. "거룩한 땅"에 있을 때 우리를 불편하게 만드는 삶 속의 죄를 발견할 수도 있을 것입니다. 영적으로 건강하지 못한 것들을 우리가 발견하게 된다면, 우리는 그 건강하지 못한 것들을 제거하기 위해 성령의 도움을 구해야 합니다.

많은 서양인들에게서 건강하지 않은 개성과 '나와 나의 욕망'을 삶의 중심에 두는 일종의 자기 중심적인 것들을 발견할 수 있습니다. 그런 일이 계속되도록 놔두는 것은 결코 좋지 않습니다. 이 다섯 가지 질문을 통해 우리가 용기있게 우리 자신을 다시 한번 평가할 수 있는 기회로 삼는다면 어떻겠습니까? 이것은 우리가 하루를 어떻게 보내는지 주의 깊게 살펴보라는 도전일 수도 있습니다.

이 질문들은 우리 삶의 초점을 예수님께 다시 집중하게 합니다. 마음에 사무치도록, 이 질문들은 우리가 이기심에 맞서고 매일매일 성령님과 우리를 위한 하나님의 계획에 귀를 기울일 것을 촉구합니다. 우리는 우리와 같은 제자를 삼으려고 노력하기 전에 우리가 먼저 예수님을 닮았다는 확신을 가져야 합니다.

우리가 우리 자신을 제자 삼는 일의 중심이라고 하면 할수록, 성령께서 우리를 증거로 사용하여 세상의 죄와 의와 심판에 대해 깨닫게 하실 기회의 여지를 적게 드리는 것입니다.

제 3 장

생활 방식으로서의 제자도 실천

누군가에게 "가서 제자를 삼아야 한다"고 말하는 것은 좋은 것이고, 그들이 '누구'에게 '어떻게'라는 질문을 할 때에 '모두에게' '어디서나' '언제나'라고 대답을 하면 됩니다.
　스코틀랜드의 시인 로버트 번즈(Robert Burns)는 "쥐와 인간이 세운 최선의 계획은 종종 어긋나곤 한다"는 유명한 글을 썼습니다. 그렇기 때문에 이것은 단순히 제자도를 행하겠다는 마음으로 사람에게 다가가는 계획이 아니라, 제자도는 우리가 살아가는 방식의 본능적인 부분이어야 합니다. 아침에 정신차리려고 커피를 한잔 마시는 것 처럼 우리의 제자도라는 생활 방식은 우리 삶의 일부가 되어야 합니다.
　제자도를 자신의 삶으로 적용하려면 두 가지 중요한 측면에 초점을 맞춰야 합니다. 첫째는 외부에서 무엇을 받아들이고, 둘째는 내부에서 무엇을 일구어야 하는가입니다. 다른 사람을 제자화하는 것처럼, 나 자신도 좋은 제자가 되는 습관에 집중해야 합니다.

듣기

몸이 더 건강해지고 싶다면, 첫 번째이자 가장 중요한 단계는 건강한 식습관입니다. 영혼도 마찬가지로 우리는 우리 영혼을 위해 건강한 음식을 섭취해야 합니다. 대부분의 인간은 귀가 두 개이지만 혀는 하나라는 사실을 알고 있습니까? 대부분의 반응은 물론 알고 있다고 합니다. 그렇다면 말하는 것보다 듣는 것을 두 배로 하는 사람이 몇 명이나 되는지 자문해 보십시오.

그에 대한 대답은 아마도 '많다' 일 것이고, 때로는 우리 자신을 포함할 수도 있습니다. 그렇다면 왜 듣는 것이 우리가 배워야 할 첫 번째 습관일까요? 때때로 제자도에 대해 가르칠 때 우리가 그들을 누구의 제자로 삼고 있는지 망각할 수 있습니다. 우리가 단순히 우리를 가르친 사람들의 제자가 아니듯이 우리는 그들을 그리스도의 제자로 만드는 것입니다!

당신이 그리스도의 제자라면 당신의 최우선 순위는 그 분의 말씀을 듣는 것입니다. 우리가 그렇게 하는 가장 좋은 방법은 무엇입니까? 그것은 지침서를 읽는 것만큼 간단하지 않습니다. 또는 그 분에게 전화를 걸어 "제가 무엇을 해야 합니까?"라고 묻는 것만큼 간단하지 않습니다.

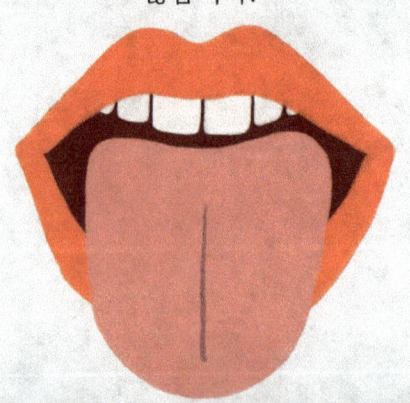

성경

그러나 당신을 위해 당신과 특별하게 관련된 지침서가 남겨져 있습니다! 실제로 그 책에는 그 책을 읽는 것이 얼마나 중요한지 알려주는 지침도 있습니다. 시편 1편에서 시편 저자는 하나님을 기쁘시게 하는 자는 "여호와의 율법을 즐거워하며 ... 그 율법을 주야로 묵상하는 자"라고 말하며, 시편 119장 105절에서는 "주의 말씀은 내 발에 등이요 내 길에 빛이니이다"라고 말합니다. 열매를 맺는 제자 삼는 자가 되기 위한 우리의 길에서 성경과 연결이 되어 있지 않으면 불가능합니다.

낯선 숲에서 캠핑을 하게 되면 캠프를 차리고 별빛 아래서 평화로운 밤을 보냅니다. 다음날 아침, 잠에서 깨어나 숲에서 나가는 길을 기억하지 못하면 다른 캠핑하는 사람들을 만날 때까지 한동안 헤매게 됩니다.

그들 또한 "나도 이 숲을 알지 못하며 오늘 아침에 당신처럼 길을 잃었지만 저는 준비를 하고 왔습니다"고 말합니다. 그들은 숲의 지도와 나침반을 꺼냈고, 얼마 지나지 않아 이 두 사람은 다른 길을 잃은 캠퍼들과 마주쳤고, 결국 지도와 나침반이 당신을 숲 밖으로 인도했습니다.

성경은 이 숲의 지도이자 나침반이며, 세상에는 길을 잃은 캠핑자들이 많이 있습니다. 그들을 숲 밖으로 인도하는 것은 당신이 뛰어나서가 아니라 우리들을 인도하고 지도하고 가르치는 성경입니다. 그러나 당신의 도움 없이는 숲에서 길을 잃어 버린 사람들이 길을 찾을 수 없을 것입니다.

지도 없이 사람들을 숲 밖으로 안내하려고 한다면 아무리 좋은 의도라도 길을 잃어 버릴 수도 있습니다.

자세한 관찰

어떻게 적용할까요?

조안나(Joanna)는 하나님의 말씀을 '듣는다'는 것이 무엇을 의미하는지 이해하기 어려웠습니다. 그녀의 친구는 조안나에게 시간을 내어 마태복음 전체를 읽어 보라고 권했습니다. 조안나는 다 읽은 후 친구에게 와서 "나는 아직도 예수님께서 말씀하시는 것을 듣지 못하겠다!"라고 말합니다. 친구는 혼란스러워하는 그녀를 쳐다보며 말합니다. "무슨 말이야? 그 분께서 말씀하신 것을 다 읽었잖아!"

관찰

성 경 읽 기 가 이 드

관찰에는 구절을 읽고 또 다시 읽는 것이 포함됩니다. 이 구절은 오직 한 구절이 아니라 최소한 한 문단, 즉 문단에서 오는 생각의 단위가 포함되어야 합니다. "읽으면서 본문을 통해 기도"를 하는 것도 매우 도움이 될 수 있습니다.

영국 설교자 고(故) 존 스토트(John Stott)는 "내가 공부하는 데 가장 중요한 시간은 무릎을 꿇고 성경 말씀을 읽는 시간이다"라고 말했습니다.

관찰에는 사람, 장소, 사물에 대해 이해하는 것이 포함될 수 있습니다. 여기에는 중요한 신학적 아이디어와 개념을 식별해 내는 것도 포함될 수 있습니다. 본문에 꼭 알아 두어야 하는 긴요한 것이 있나요? "본문일지"를 시작하고 이러한 관찰 내용을 기록하십시오. 질문과 답변을 해 보십시오. 유명한 "W 질문" -누가(who), 무엇을(what), 어디서(where), 언제(when), 왜(why)?- 를 묻는 질문없이 무엇이든, 특히 성경 본문을 읽는 것은 어렵습니다. 또한 "어떻게(how)?"를 포함할 수도 있습니다. 이러한 질문들에 대한 답들이 우리들에게 도움이 되는 좋은 자료들이 될 수 있습니다. 또한 문법과 관련된 질문, "이 문장에서 주요 주어는 무엇인가? 주요 동사는? 대명사의 선행사는?" 이런 질문들은 수없이 많습니다!

성경을 공부할 때, 개별 구절이 아닌 단락 단위로 공부하는 것이 가장 중요합니다. 어떠한 성경 작가도 자신의 글을 장과 절로 나누지 않았습니다. 하지만 모든 훌륭한 작가(성경 작가 포함)는 하나의 아이디어를 중심으로 생각의 단위로 글을 씁니다. 그것이 바로 단락입니다. 성경 안에 있는 단락을 식별할 때 네 가지 중요한 질문을 통해서 해당 단락을 볼 수 있습니다.

첫째, "참고로서의 의미 (meaning as referent)"로서 "저자가 무엇을 말하고 있는가?"를 묻는 것입니다.

둘째, "느낌으로서의 의미 (meaning as sense)"로서 "저자가 말하는 것에 대해 무엇이라고 말하는가?"라고 묻는 것입니다.

셋째, "의도로서의 의미 (meaning as intention)"는 "저자 (인간과 하나님)가 본문에서 무엇을 말하고자 하는가?"입니다.

넷째, "중요성으로서의 의미 (meaning as significance)"로서 "이 본문이 내 삶에 어떤 의미를 갖는가?"입니다. 물론 중요성으로서의 의미는 순종을 필요로 하게 됩니다.

만약 이 본문이 우리에게 하나님이 의도하신 의미를 가르쳐 주고 그 의미를 우리 삶에 적용할 수 있다는 것을 발견했다면, 그것은 우리가 하나님을 더 잘 알게 되고 그 분의 백성을 더 잘 알게 되는 데 도움이 될 것입니다. 우리는 간단히 이렇게 질문할 수 있습니다. "이 본문은 나에게 하나님과 이웃을 더욱 더 효과적으로 사랑하는 법을 어떻게 가르쳐 주는가?" 이것은 우리의 영적 여정에서 "죄에 대하여, 심판에 대하여, 의에 대하여 깨우치게 하시도록"(요 16:8-10 KLB) 성령님께서 역사하실 것을 기대해야 하는 것 중의 한 부분입니다.

기도

기도는 듣는 것이다.

좀 전에 우리는 듣는 것보다 말하는 것을 더 많이 하는 경향이 있는 사람들에 대해 이야기했습니다. 말이 일방적으로 전달될 때 의미있는 대화를 이어가는 것은 많이 힘들 수 있습니다. 모든 대화를 자신에 대해서만 이야기한다면 누군가를 알아가는 것은 불가능합니다.

기도에도 같은 개념이 적용됩니다. 기도를 흔히 하나님께 '의견과 불만'을 토로하는 '의견제안함' 정도로 이야기하는 경우가 많습니다. 그러나 무엇보다도 기도는 대화입니다. 기도할 때 우리는 종종 우리의 모든 기도 요청이나 그 분을 향한 찬양을 잔뜩 풀어놓기를 원합니다. 그리고 우리는 그것을 아멘으로 마무리하고 하루를 계속합니다.

무엇인가에 대해 큰 소리로 불평하거나 불만을 토로할 때만 하루 걸러 전화를 하고, 그것만이 이야기를 나누는 유일한 시간인 친구가 있다면, 그것이 만족스런 우정이 되겠습니까? 당연히 아닙니다!

그렇다면 왜 우리는 기도를 같은 방식으로 대합니까? 듣는 것은 자신의 시간 스케줄에 맞추기 어렵기 때문입니다. 매일 아침 정확히 5분만 걱정을 내려놓는 기도를 하고 출근하러 간다면 매일 기도하는 스케줄을 정하기는 쉽겠지요. 당신만이 유일하게 말하는 사람이라면 시간이 얼마나 걸릴지 정확히 알겠지만, 만일 당신이 듣는 입장이라면?

그들이 말을 멈추지 않는다면, 우리가 답을 모르는 질문을 한다면, 또는 잘 안 들리면 어떻게 합니까? 영원한 시간이 걸릴지도 모릅니다. 그러나 이에 대한 대답은 데살로니가전서 5장 17절 "쉬지 말고 기도하라"에 있습니다. 이것은 끝나지 않는 대화를 의미합니다.

그럼 우리는 무엇을 해야 합니까? 우리는 일해야 하고, 공과금을 지불하야 하고, 음식을 준비해야 하고, 나가서 제자를 삼아야 합니다. 쉬지 않고 기도해야 하는데 어떻게 해야 할까요? 좋은 소식은 우리가 본 받아야 할 사람이 이에 대한 완벽한 모범을 보여준다는 것입니다. 예수님은 우리 기도의 모델이십니다. 그 분을 따르는 사람들로서 우리는 그 분에게서 무엇에 관해 기도하셨는지, 언제 기도하셨는지, 어떻게 기도하셨는지를 배울 수 있습니다.

사복음서는 그 분이 기도하시는 내용으로 가득 차 있습니다. 다음은 몇 가지 예시입니다:

- 그는 혼자 기도했습니다. (마 14:23; 막 1:35; 눅 9:18; 22:39-41)
- 그는 사람들 앞에서 공개적으로 기도했습니다. (요 11:41,42; 12:27-30)
- 그는 식사 하시기 전에 기도했습니다. (마 26:26; 막 8:6; 눅 24:30; 요 6:11)
- 그는 중요한 결정을 내리기 전에 기도했습니다. (눅 6:12-13)
- 그는 치유하시기 전에 기도했습니다. (막 7:34,35)
- 그는 치유 후에 기도했습니다. (눅 5:16)
- 그 분은 아버지의 뜻을 행하기 위해 기도하셨습니다. (마 26:36-44)

예수님께서는 제자들에게 기도에 관해 여러 차례 가르치셨습니다:

- 마 6:9-13; 7:7-11; 18:19-20; 21:22
- 막 11:24-26
- 눅 11:2-4; 11:9-13
- 요 14:13,14; 15:7; 15:16; 16:23-34

예수님은 십자가에 달리시기 전날 밤에 다락방에서 '주의 만찬'을 베푸시면서 기도하셨습니다(마 26:26-30; 막 14:22-26; 눅 22:15-20; 고린도전서 11:23-25). 예수님은 십자가를 향해 가실 때 자신과 제자들, 그리고 그를 믿는 모든 사람을 위해 기도하셨습니다(마 26:36-46; 요 17).

십자가 위에서 그 분은 자신을 십자가에 못 박는 자들을 위해 기도하셨습니다(눅 23:34). 그 잔인한 경험 끝에 그 분은 자신의 영을 아버지의 손에 맡기며 기도하셨습니다(눅 23:46). 그 분은 승천하실 때 제자들을 축복하셨습니다(눅 24:50-53).

이 모든 기도에서 우리는 무엇을 볼 수 있습니까? 예수님은 어디에 계시든, 무엇을 하시든 항상 하나님과 함께 기도하셨습니다. 그러나 오늘날 가장 어려운 일은 단순히 그 분과 함께 있는 것입니다. 산만하게 하는 것도 없고, 소음도 없고, 바깥 세상(outside World)도 없고, 오직 당신과 그 분만, 그 분이 항상 의도하셨던 대로 동산(어디에 있든)에서 한 번 더 산책하는 것입니다.

이것은 삶의 모든 순간 속에서 하나님께서 당신에게 말씀하실 수 있는 여지를 남겨두며, 여기에서 당신은 제자를 삼는 기회가 10배 이상 확장되는 것을 발견하게 될 것입니다. 이제 당신은 단순히 자신의 눈을 통해 잃어버린 자를 찾는 것이 아니라 하나님의 눈으로 세상을 보기 시작합니다. 하나님은 당신이 특별히 접근할 수 있는 사람들을 보이게 하십니다.

자세한 관찰

어떻게 적용할까요?

조안나는 기도가 어렵다는 것을 알게 되었습니다. "무슨 말을 해야 할지 모르겠어!" 그녀는 친구에게 짜증섞인 말투로 이야기했습니다. "아마 그게 문제일지도 몰라. 넌 그 분과 함께 조용히 시간을 보낼 수 있는 공간을 마련하는게 필요할 것 같아. 네가 출퇴근하며 차 안에서 운전하는 시간이 길잖아. 그 때 라디오를 끄고 그 분의 음성을 듣는 것도 기도야!"

금식

앞서 말했듯이 현대 기독교의 가장 어려운 것 중의 하나, 즉 하나님과 함께 있는 시간을 찾는 것에 대해 살펴보았습니다. 하나님과 단둘이 있을 시간을 찾지 못한다면 하나님과 진정한 관계를 맺는 것이 거의 불가능하다고 말하는 것은 결코 과장된 표현이 아닙니다.

그러나 그 분과 단둘이 있는 것은 사람마다 다릅니다. 그러기에 금식의 중요성이 대두됩니다. 숲에서 길을 잃었던 비유로 돌아가 보겠습니다. 우리에게는 지도와 나침반(성경)이 있고 무전기(기도)를 통한 캠핑관리자의 안내도 있습니다. 지금은 우리가 나가는 길을 찾아야 할 뿐만 아니라 다른 사람들도 나갈 수 있도록 도와야 하는 상황입니다.

그래도 쉬울 것 같아요!

그러나 문제는 우리가 걷는 동안 덤불 속에서 나뭇가지가 부러지는 소리, 숲 속 깊은 곳에서 동물들이 내는 소리, 뱃 속에서 꼬르륵거리는 소리가 들립니다. 우리는 헤드폰을 끼고 숲의 탈출에 관한 팟캐스트를 듣습니다. 이 모든 것이 우리의 주의를 지도에서 멀어지게 하고 무전기를 통한 안내로부터 우리를 산만하게 만듭니다. 듣는 것의 중요성은 이 산만하고, 주의해야 할 것도 많고, 잡음과 어려움 및 좋아하는 팟캐스트로 가득 찬 현실 세계에서 실행해야 하는 것이기에 더욱 강조됩니다.

그렇다면 어떻게 소음을 제거하고 듣기에 집중할 수 있을까요? 금식입니다. 금식은 구약과 신약 전체에서 찾을 수 있는 것입니다. 본질적으로 금식의 핵심은 다음과 같습니다. 일정 기간 동안 산만함과 "가장 자주 먹는 음식"에 대한 욕구에서 벗어나 하나님의 말씀을 듣는 데 다시 집중하는 것입니다. 다윗, 아합, 에스더, 니느웨 사람들, 유대인 포로들, 제자들 그리고 예수님 자신도 금식하고 기도하셨습니다. 특히 예수님은 사역을 시작하실 때 마태복음 4장에서 사십 주야를 금식하셨습니다.

예수님은 광야에서 금식하실 때 사탄에게 시험을 받으셨습니다. 사탄은 먼저 기본적인 필요인 음식을 제시합니다. 사탄은 이렇게 말하고 있습니다. '나는 민족감을 바라는 당신의 욕구를 채워 줄 수 있소.' 예수님은 그에게 "사람이 떡으로만 살 것이 아니요 하나님의 입으로부터 나오는 모든 말씀으로 살 것이라"(마 4:4)고 대답하셨습니다.

나의 채움은 세상의 만족이 아니라 하나님에게서 오는 것이라고 꾸짖습니다. 그 다음 사탄은 천사들이 성전 앞에서 그 분의 추락을 손으로 받들게 함으로써 그 분에게 즉각적인 명성을 얻을 기회를 제안합니다. 예수님은 "주 너의 하나님을 시험하지 말라"(마

4:7)고 꾸짖으셨습니다.

　　하나님은 다른 사람의 인정을 필요로 하지 않으십니다. 왜냐하면 그 분은 시험과 사람의 칭찬을 초월하시기 때문입니다. 마지막으로, 사탄은 예수님께서 자신을 경배한다면 그에게 세상의 통치권을 주겠다고 제안합니다. 이에 예수께서는 그를 보내시며 "주 너의 하나님께 경배하고 다만 그를 섬기라"(마 4:10)고 말씀하셨습니다. 예배할 가치가 있는 분은 오직 한 분뿐이시며, 그것은 주 하나님이십니다.

　　예수님께서 사탄을 꾸짖어 그 분에게서 떨어져 나가게 하실 수 있는 것은 금식, 즉 빵을 통한 육체적, 성전에서의 찬사와 함께 하는 사회적, 예배를 통한 영적인 것의 필요를 아는 것을 통해서만 가능합니다.

　　(모든 꾸짖음에 있어서 예수님께서 성경을 인용하셨다는 것을 주목할 가치가 있습니다. 이것이 또 연구해야 할 내용이고 그래서 그것도 준비했습니다!) 그러한 필요를 채우기 위해 그리스도 밖에서 구하는 것은 매우 쉽습니다. 종종 그것은 고의가 아니기도 합니다. 이것이 바로 금식이 그토록 중요한 이유입니다.

"주 너의 하나님께
경배하고 다만
그를 섬기라."

산만함에서 벗어났다면 반드시 꼭 가지고 있어야 한다고 생각하는 것들 없이 생활하는 시도를 할 수 있습니다. 어떤 사람에게는 꼭 필요한 것이 음식이 될 수가 있고, 요즘에는 없어서 안 된다고 느낄 수 있는 전자 제품이 될 수도 있고 또한 어떤 사람에게는 사회적인 관계에서 금식하여, 다른 사람들과 일정 기간 떨어져 있는 것을 의미합니다.

이를 통해 우리는 하나님과 함께 하는 고요함을 얻을 수 있습니다. 일단 하나님과 단 둘이 함께 하는 시간을 가지려면 마음 속 가장자리에서 끌어 당기고 있는 것들이 무엇인지 살펴보십시오. 음식, 소셜 미디어, 게임 또는 할 일들의 목록이 될 수 있습니다.

그것을 분리하고 하나님께 맡기십시오. 그러나 통제권을 놓는다고 해서 그 욕구가 사라진다는 의미는 아닙니다. 다만 그 욕구를 느낄 때 하나님과 연결되어야 한다는 것을 상기시킨다는 의미입니다.

이것이 바로 음식이 금식에서 아주 쉬운 방법인 이유입니다. 배고픔의 고통을 느낄 때 기도해야 하고, 하나님의 뜻을 구해야 하고, 그 분의 인도하심에 귀를 기울여야 함을 상기시켜 줍니다.

어떻게 적용할까요?

아침 출근길 기도는 조안나가 훨씬 더 효과적으로 기도하는 데 도움이 되었지만, 가는 도중에 집중력이 떨어지고 힘하게 운전하는 운전자들로 인해 종종 주의가 산만해진다는 것을 알게 되었습니다. 이제 매일 출근하기 전, 아침 식사 대신 그 시간에 하나님과 함께 조용히 앉아 있는 시간을 갖게 되었습니다. 점심 식사 시간 전에 더 자주 배가 고팠지만, 그 배고픔은 그녀가 이전보다 더 자주 주변 사람들을 위해 기도하도록 상기시켜 주었습니다.

성품은 우리의 진정한 자아이다

성품

　농사에 대한 비유로 돌아가서, 이 장의 전반부는 여러분이 가져야 할 것, 즉 제자도의 씨앗, 물, 비료에 관한 내용입니다. 또 다른 제자를 만드는 제자를 양육하는 데 필요한 모든 재료를 갖추고 있지만, 실제 일을 하지 않으면 결코 결실을 맺을 수 없습니다. 당신이 내면에서 키우기로 결심해야 하는 것은 당신의 성품, 즉 본능에 따라 행동하는 것입니다. 다음 부분은 우리가 배워야 할 규율의 영역입니다. 우리는 씨를 뿌리고, 거름을 주고, 물을 주었습니다. 이제 잡초를 뽑고, 가지를 치고, 수확하는 일을 시작할 것입니다.

자세한 관찰

어떻게 적용할까요?

조안나는 하루 종일 자신의 관심이 휴대폰에 집중되는 경향이 있다는 사실을 발견했습니다. 누군가와 꼭 소통해야 하는 것이 아니라, 단순히 다음 해야 할 일을 기다리며 시간을 보내고 있기 때문입니다. 종종 아무 생각 없이 소셜 미디어를 쭉 내리면서 읽거나, 게임을 하거나, 단순히 그냥 사진을 보는 것입니다. 조안나는 자신이 더 효과적으로 제자를 삼는 사람이 되고 싶다면 휴대전화를 사용하지 않고 하나님께 그 시간을 돌려드려야겠다고 결심합니다.

단순함

먼저 잡초에 대해 이야기해 봅시다. 정원을 가꾸는 사람이라면 누구나 정원 가꾸는데 가장 어려운 부분 중 하나가 잡초를 뽑는 것이라는 것을 알고 있습니다. 잡초를 뽑는 것 자체가 특별히 어렵기 때문이 아니라 (어떤 경우에는 그럴 수도 있지만) 그것이 끊임없는 싸움이기 때문입니다. 매일 약초를 뿌리는 작업을 하거나 손으로 뽑는 등 잡초를 막기 위해 노력해야 합니다. 정원에 잡초가 없도록 유지하는 것은 계속해야 하는 작업입니다.

잡초를 제거하기 위해 왜 그토록 열심히 싸워야 합니까? 잡초는 천천히 그러나 분명하게 토양에서 모든 영양분과 물을 빨아들입니다. 때로는 자라나는 나무에 햇빛이 비추는 것을 차단하기도 해서, 처리하지 않으면 나무에게 필요한 것을 없앰으로서 결국 죽게 만들 것입니다.

우리 자신도 마찬가지입니다. 현대사회에서 우리는 절대적으로 두 가지 '어떤 건'에 시달립니다. 여기에는 물질적으로 우리가 소유한 '물건' 그리고 우리가 해야 할 '용건'이 포함됩니다. 소비 중심의 세상에서 우리 주변에 물질적인 것들을 취하지 않는 것은 어려운 일이며, 그리고 우리의 삶에서 해야 할 일들이 가득한 세상을 회피하는 것은 더욱 더 어렵습니다.

'물건'을 취하고 우리의 '용건'을 수행하기 위해 노력하는 삶은 우리가 부름을 받은 삶은 아닙니다. 그 대신 마태복음 6장 33절에서 주님께서 말씀하셨습니다. "그런즉 너희는 먼저 그의 나라와 그의 의를 구하라 그리하면 이 모든 것을 너희에게 더하시리라." 예수님은 "그의 나라와 그의 의"를 당신의 우선순위 목록에 두라고 말씀하지 않으셨다는 것을 기억하십시오. 오히려 요점은 "그의 나라와 그의 의"가 당신의 우선순위라는 것입니다. 이제 우리의 일상생활에서 불필요한 것들을 제거해야 할 시간입니다.

예수님께서 열두 제자에게 사명을 주시고 그들을 제자 삼는 여정으로 보내셨을 때(마 10:5-15; 막 6:7-13; 눅 9:1-6) 그것은 단순함을 요구하는 여정이었습니다. 주님은 제자들에게 말했습니다. "너희 전대를 위해 금이나 은이나 동을 갖지 말고 여행을 위하여 배낭이나 두 벌 옷이나 신이나 지팡이를 가지지 말라 이는 일꾼이 자기의 먹을 것 받는 것이 마땅함이라"

산상수훈에서 그 분은 산비탈에 앉아 말씀을 듣고 있는 사람들에게 이렇게 말씀하십니다. "그러므로 내가 너희에게 이르노니 목숨을 위하여 무엇을 먹을까 무엇을 마실까 몸을 위하여 무엇을 입을까 염려하지 말라 목숨이 음식보다 중하지 아니하며 몸이 의복보다 중하지 아니하냐"(마 6:25)

그 말씀 뒤에는 우리 하나님께서는 공급하시는 하나님이라는 사실을 아름답게 상기시키는 말씀이 이어졌습니다. 이를 통해 우리는 단순함을 향해 더 쉽게 나아갈 수 있습니다. 하나님께서 필요한 것을 공급하실 것이기 때문에 '물건'을 얻을 필요가 없습니다.

하나님에 대한 우리의 사랑(그리고 주님의 계명을 지키는 것)이 우리의 소유물에 대한 사랑을 대체하기 때문에 단순함이 이웃을 사랑할 가능성을 더 높입니다. 예수님께서는 가장 큰 계명을 "마음을 다하고 목숨을 다하고 뜻을 다하여 하나님을 사랑하는 것"(마 22:37)이라고 규정하셨습니다. '다하여'라는 말은 일부가 아닌 전부를 의미합니다.

우리가 누구이고 무엇인지에 있어서 어떤 부분도 빼놓을 수 없습니다. 이는 우리에게 사명의 시간을 줍니다. 우리 삶에서 사명을 위한 시간이 있을 때, 집으로 가는 길에 편의점에 들러 우유 하나를 사는 것이 잠재적으로 그 이상일 수 있다는 것을 깨달을 수 있습니다.

실제로 직원과의 만남도 단순히 금전을 주고받는 관계를 넘어서 인생에서 선교적인 순간이 될 가능성이 있습니다.

우리 삶을 단순함의 방향으로 움직이기 시작하려면 무엇을 할 수 있습니까? 하나님께서 우리의 가는 길에 만남의 기회를 두신 사람들을 위해 의도적으로 기도하고 금식하는 것부터 시작할 수 있습니다. 이것은 시작하기 전에 우리의 성품을 바꾸기 위해 취해야 할 첫번째 도구들입니다.

우리가 사람들의 이름을 부르며 (이름을 모르면 장소를 부르며 -예를 들어 편의점 점원) 기도하는 법을 배울 때 우리는 하나님께서 그들을 사랑하신 것처럼 그들을 사랑하겠다는 더 큰 용기와 헌신을 얻게 될 것입니다. 그러나 사랑은 단순한 감정이 아닙니다. 요한은 "자녀들아 우리가 말과 혀로만 사랑하지 말고 행함과 진실함으로 하자"(요일 3:18)고 말합니다.

갈라디아서 5장 6절에서 바울은 우리의 육체적인 상태가 문제가 아니라 "사랑으로써 역사하는 믿음"이 중요한 것임을 상기시켜 줍니다. 오늘날 살아 있는 70억 명 이상의 사람들 모두는 하나님의 형상으로 지음받았습니다. 마태복음 9장 36-38절에 나오는 "무리"인 그들 각자는 하나님께 가치가 있습니다. 우리는 이 수십억 사람들 중 일부의 인생 길과 우리 자신의 인생 길이 교차하게 될 것으로 인해 하나님께 찬양해야 합니다. 우리가 이 기회를 어떻게 활용하느냐는 우리가 하나님 나라를 위해 제자를 삼는 데 아주 큰 영향을 미칠 것입니다.

우리 삶에서 사명을 위한 시간이 있을 때, 집으로 가는 길에 편의점에 들러 우유 하나를 사는 것이 잠재적으로 그 이상일 수 있다는 것을 깨달을 수 있습니다.

자세한 관찰

어떻게 적용할까요?

조안나에게 있어 단순함이란 심부름을 하러 나갈 때 휴대폰을 집에 두는 것을 의미합니다. 그것은 그녀가 한두 시간 동안 메시지를 놓치게 될 것이라는 것을 의미이고, 또한 그것은 그녀가 무언가를 기다리는 시간동안 지루할 것이라는 것을 의미합니다. 그러나 이러한 단순함 덕분에 그녀는 주변 사람들이 보여지기 시작되었고, 이제 그녀는 점원과 대화를 나누고, 도움이 되는 직원에게 감사를 표하는 데 더욱 의도적이며, 그들의 심부름에 도움이 필요할 것 같은 사람들을 도울 준비가 되어 있습니다.

복종과 섬김

이제 대부분의 잡초가 자라지 않는 곳에 묘목을 키웠고, 더 많은 것들에 대해 주의를 기울이고 있으므로 성품 성장의 다음 중요한 부분인 가지치기로 넘어갈 수 있습니다. 가지치기란 죽었거나 죽어가거나 위험한 가지와 그루터기를 제거하여 새로운 성장, 건강한 개화 및 구조적 안정성을 보장하는 작업입니다.

성령으로 충만한 사람의 특징 중 하나는 에베소서 5장에서 찾을 수 있습니다. 여기서 바울은 성령으로 충만한 사람의 삶을 설명하고 "그리스도를 경외함으로 피차 복종하라"고 말을 맺습니다(엡 5: 21).

마찬가지로 마태복음 20장 26~28절에서 예수님은 제자들에게 말합니다. "너희 중에는 그렇지 않아야 하나니 너희 중에 누구든지 크고자 하는 자는 너희를 섬기는 자가 되고 너희 중에 누구든지 으뜸이 되고자 하는 자는 너희의 종이 되어야 하리라 인자가 온 것은 섬김을 받으려 함이 아니라 도리어 섬기려 하고 자기 목숨을 많은 사람의 대속물로 주려 함이니라"

나무와 관목을 관리하지 않고 방치한다면 나무들에게 맞는 방향으로 자라게 되겠지만, 이것이 꼭 나무들이 자라는 가장 좋은 방법이라는 의미는 아닙니다. 우리가 원하고 마땅하다고 느끼는 것들을 잘라내야만 우리는 더 나은 방법이 있다는 것을 깨닫게 될 것입니다. 우리는 하나님의 말씀에 복종하고, 그 분의 지시에 귀를 기울이고, 우리 자신보다 다른 사람의 필요를 앞세움으로써 이를 수행합니다. 복종은 자신의 통제권을 포기하는 것을 의미하고, 섬김은 자신의 필요보다 다른 사람의 필요를 받아들이는 것을 의미합니다.

자세한 관찰

어떻게 적용할까요?

이제 조안나는 필요하지 않을 때 휴대전화를 집에 두는 습관이 생겼고, 휴대전화 없이도 지낼 수 있다는 것을 입증했습니다. 이제 남은 하루의 시간동안 핸드폰을 보지 않는 법을 배우는 가장 어려운 부분이 남았습니다. 그녀는 아무 생각 없이 핸드폰 보고 싶은 충동을 느낄 때마다 스스로에게 '내가 누구를 보고 있는 걸까?'라고 묻습니다 (그녀가 금식을 배울 때 익힌 기술). 이제 그녀는 소셜 미디어를 검색하는 대신 노인들의 가방 운반을 돕고, 친구에게 안부를 묻고, 외로워 보이는 사람과 대화를 나누거나, 단순히 앉아서 하나님께서 오늘 그들을 위해 준비하신 일들에 대해 귀를 기울입니다.

거룩함과 사랑

성품의 마지막 부분은 이 장에서 논의된 모든 것의 최종 결과물입니다. 성경, 기도, 금식을 통한 경청 뿐만 아니라 단순함, 복종, 섬김을 통한 성품의 형성이 결합되면 거룩함이라는 이런 결과를 얻을 수 있을 것입니다. 베드로전서 1장 16절에서는 "내가 거룩하니 너희도 거룩할지어다"라고 말하고 있는데, "거룩하다"는 말의 실제 의미는 무엇일까요?

거룩, 성결, 성도, 성화됨 등과 같은 단어를 가장 잘 번역한 것은 '구별되다'라는 개념입니다. 이는 우리가 근본적으로 우리 주변의 밖에 있는 어떤 것에 우리 자신을 헌신했다는 뜻입니다. 우리에게는 독특한 것 뿐만 아니라 의도적인 것도 들어가 있습니다.

마지막으로 나무 비유로 돌아가자면, 일단 나무가 자라서 가지치기를 하면 열매를 맺을 준비가 될 것입니다. 그 열매는 거룩함입니다, 그리고 그 새로운 열매를 심는 것은 무엇일까요? 사랑입니다.

거룩해지기 위해서는 우리 자신을 하나님의 목적에 헌신해야 합니다. 그 분의 뜻이 우리의 뜻이 됩니다. 그 분이 사랑하시는 것을 우리도 사랑합니다. 예수님은 요한복음 17장의 대제사장적 기도에서 이렇게 말씀하셨습니다. "아버지께서 나를 이스라엘에 보내신 것 같이 나도 그들을 땅 끝까지 보내노니(의역)." 하나님 앞에서 우리의 거룩함은 예수님처럼 살고자 하는 우리의 의지에 달려 있습니다.

이는 물론 우리가 예수님처럼 사랑하는 것임을 의미합니다. 다른 사람을 사랑하는 우리의 동기는 순수하고 단순하게 우리가 우리의 모든 것을 다해 하나님을 사랑한다는 것입니다. 사랑은 겸손한 마음에 뿌리를 두고 있습니다. 하지만 겸손하다는 것은 우리 자신을 낮게 생각하는 것이 아닙니다. 사도행전 20장에서 바울은 에베소 장로들에게 겸손한 마음으로 그들을 섬겼다고 말했습니다 (행 20:19). 그러나 고린도인들에게는 고린도후서에서 "내가 아무 것도 아니나 지극히 크다는 사도들보다 조금도 부족하지 아니하니라"(12:11b)고 말합니다.

구별됨

하나님 앞에서 우리의 거룩함은 예수님처럼 살고자 하는 우리의 의지에 달려 있습니다. 예수님처럼 산다는 것은 예수님처럼 사랑할 것이라는 의미입니다.

자세한 관찰

어떻게 적용할까요?

이제 조안나는 자신이 하고 싶은 것(무심코 핸드폰 보는 것)보다 하나님이 원하시는 것에(주변 사람들을 돌보는) 복종하는 습관을 갖게 되었고, 완전히 새로운 세계가 열리기 시작되었습니다. 이제 그녀는 더 이상 단순한 '조안나'가 아니라 '조안나: 움지이고 있는 하나님의 성전'입니다. 세탁소에서 패스트푸드점에서, 누군가의 얼굴에서 한 번도 그런 모습을 본 적이 없는 사람들에게 사랑과 친절과 거룩함을 가져다줍니다.

제 4 장
유기적인 제자도

지금까지 우리는 개인의 제자사역을 장려하는 방법과 더욱 더 넓은 세상에 미칠 수 있는 영향에 대해 이야기했습니다. 개인은 제자도에 대한 관점을 바꾸는 면에서 보면 쉬운 부분이며, 참된 제자도가 개인으로부터 시작되는 것이기 때문에 이 부분은 긍정적입니다.

그러나 결국 우리는 기독교인 전체에 자리잡은 몇 가지 생각을 바꾸기 위해 노력해야 합니다.

이 장에서는 완고하게 헛간 짓는 태도를 정면으로 마주할 것이므로 아주 무거운 신학에 관한 내용들이 될 것입니다. 어떤 사람들은 "신학은 신학자들에게 맡깁시다"라고 말할 수도 있지만 유기적 제자도가 교회에게, 더 넓게 말하자면 기독교 공동체에 실제로 무엇을 의미하는지 아는 것이 중요합니다. 왜냐하면 오늘날 그들은 전문적인 헛간 건축업자나 형편없는 농부가 되는 일이 너무나 많기 때문입니다.

아무렇게나 씨뿌리기

과일나무는 환경에 의존하여 자라며 열매를 맺는 살아있는 유기체입니다. 모든 요소가 적절하다면 나무는 잘 자라고 원래 목적대로 일을 할 것입니다. 그러나 토양이 나쁘거나 물과 햇빛이 너무 많거나 충분하지 않으면 나무의 성장이 느려지고 결국 죽을 수도 있습니다.

마가복음 4장(마태복음 13장과 누가복음 8장)에서 예수님은 네 가지 다른 종류의 밭에 씨를 뿌린 한 농부의 이야기를 들려주셨습니다.

어떤 씨는 굳은 땅에 떨어져 싹이 트기도 전에 새들이 먹어 버렸습니다. 어떤 것들은 돌밭에 떨어져서 빨리 싹이 나다가 뿌리를 내리기 좋은 흙이 없어서 결국 말라 버렸습니다.

가라지 가운데 떨어진 씨도 싹이 나고 살았지만 몇 주가 지나서 말라 죽었습니다. 그러나 어떤 씨는 좋은 땅에 떨어졌습니다. 싹이 트고 번성하여 풍성한 수확을 거두었습니다.

예수님은 그 열매를 이렇게 표현하셨습니다: "삼십 배나 육십 배나 백 배가 되었느니라" (막 4:8). 이것은 예수님이 말씀하신 후에 제자들이 혼란스러워하자, 해설과 함께 그 이야기를 다시 말씀하신 유일한 비유입니다.

이것만으로도 충실하게 복음서를 읽는 사람들에게 이것이 하나님 나라에 관한 핵심적인 이야기라는 것을 알려 줍니다. 씨 뿌리는 사람이 아무렇게나 씨를 뿌리는 것 같다는 점도 주목할 만합니다. 그는 자신이 파종하는 곳에서 농작물이 생산되는지 확인하기 위해 "토양 검사"를 수행하지 않았습니다. 그는 아무렇게나 뿌렸습니다.

지역 농산물시장에서 구입하지 않고 다음 해를 위해 해마다 씨앗을 저장하는 문화적 맥락에서 본다면 씨를 뿌리는 이 이야기가 더욱더 심화됩니다.

많은 학자들은 씨 뿌리는 자의 비유가 매우 중요한 이야기 (공관복음서의 세 복음서 기자 모두가 이 이야기를 기록했다는 사실, 공관복음에서의 배치, 주어진 공간의 크기 등을 통해 알 수 있음)이므로 우리가 이 이야기를 이해하지 못한다면, 다른 천국의 비유들도 여전히 이해하기 어려울 것입니다.

부인할 수 없는 실재는 예수님이 번식에 초점을 맞춘 하나님 나라 이야기(비유)를 말씀하신다는 것입니다. 두 가지 매우 유사한 이야기, 즉 마태복음 25장 14-30절에 나오는 달란트의 비유와 누가복음 19장 11-27절에 나오는 열 므나의 비유는 그 분의 기대가 우리에게 맡기신 것을 우리가 "번성"하게 하는 것임을 강조해서 가르칩니다.

두 이야기 모두 두려움과 소심함으로 자신에게 맡겨진 것을 "안전하게 지킨" (과일을 안전하게 저장하는 헛간으로 비유된 교회 이미지를 기억하십시오) 종에 대한 정죄가 있습니다.

예수님께서는 안전하게 있으라고 우리를 부르신 것이 아니라, 좋은 소식의 씨앗이 "삼십 배, 육십 배, 백 배"로 늘어날 곳이 있음을 아시고 앞뒤 헤아리지 말고 좋은 소식의 씨를 뿌리라고 부르셨습니다. 우리는 마태복음의 달란트 비유 바로 뒤에 예수님께서 최후에 행하실 심판에 관한 가장 직접적인 언급이 나온다는 사실을 무시해서는 안 됩니다.

그 이야기에서 양과 염소의 구분선은 배고픈 자에게 먹을 것을 주느냐, 목마른 자에게 물을 주느냐, 헐벗은 자에게 옷을 주느냐, 집 없는 자에게 집을 제공해 주느냐, 죄수들을 방문하느냐 하는 것 등이었습니다.

이 두 본문의 배치를 바탕으로 우리가 "씨를 뿌리는" 방법 중 하나는 주변 사람들의 마음이 어떤 종류의 "토양"인지에 관계없이 그들을 돌보는 것일 가능성에 대해 생각해 보아야 합니다. 이것이 제자(씨)를 삼으라는 예수님의 명령이 작동하는 방식입니다.

모든 적절한 조건이 갖추어지면 제자들은 성장하고 번성하여 궁극적으로 풍성한 수확을 가져올 것입니다. 작은 씨앗 하나가 100배의 열매를 맺습니다(막 4:8). 건강한 나무 한 그루가 마을 전체를 먹일 수 있습니다. 한 명의 제자가 수십, 수백, 심지어 수천 명으로 늘어날 수 있습니다. 이것이 바로 예수님께서 제자들에게 남기신 사명이자 비전입니다. 즉, 세상 끝까지 가서 제자를 삼는 것입니다(행 1:8).

예수님께서는 안전하게 있으라고 우리를 부르신 것이 아니라, 좋은 소식의 씨앗이 "삼십 배, 육십 배, 백 배"로 늘어날 곳이 있음을 아시고 앞뒤 헤아리지 말고 좋은 소식의 씨를 뿌리라고 부르셨습니다.

초기 그리스도인들은 예수님께서 하신 이 명령을 잘 이해한 것 같습니다. 누가는 사도행전에서 최초의 초기 그리스도인들의 역사를 여섯 개의 각별한 "장면"으로 기록합니다. 각 장면이 끝날 때마다 그는 방금 기록된 내용에 대한 요약 설명을 보여줍니다. 이러한 구절은 사도행전 6:7; 9:31; 12:24; 16:5; 19:20; 28:30, 31에 있습니다.

그 속에서 당신은 성장에 관한 단어를 발견할 수 있습니다! 그 분은 "계속 자라", "계속 증가", "자라고 번성", "그 수가 날마다 증가", "힘있게 자라다"와 같은 표현을 사용하십니다. 마지막 요약인 28:30, 31에는 교회사에 있어서 가장 위대한 선교사인 바울이 감옥에 갇혀 있지만 앞뒤 헤아리지 않고 씨를 뿌리는 장면이 나옵니다.

그는 "하나님의 나라를 전파하며 주 예수 그리스도에 관한 모든 것을 담대하게 거침없이" 가르쳤습니다. 그가 감옥에서 기록했을 가능성이 가장 높은 빌립보서는 심지어 황제의 호위병 중 일부도 신자가 되었다고 언급합니다.

모든 적절한 조건이 갖추어지면 제자들은 성장하고 번성하여 궁극적으로 풍성한 수확을 가져올 것입니다. 작은 씨앗 하나가 100배의 열매를 맺습니다(막 4:8). 건강한 나무 한 그루가 마을 전체를 먹일 수 있습니다.

한 명의 제자가 수십, 수백, 심지어 수천 명으로 늘어날 수 있습니다. 이것이 바로 예수님께서 제자들에게 남기신 사명이자 비전입니다. 세상 끝까지 가서 제자를 삼는 것입니다(행 1:8).

헛간의 문제

창고에 보존되는 과일이 아무 가치가 없듯이, 제자를 삼는 일도 격리된 상태로 할 수 없습니다. 교회 좌석에 앉아있으면서 제자를 삼을 수가 없습니다. 우리는 헛간에서 나와 지역 공동체 안으로 들어갈 때만 제자를 삼을 수 있습니다.

모든 사람을 한자리에 앉혀놓고 30분짜리 강의를 듣게 한 후, 그들이 제자를 삼을 것이라는 기대를 갖고 그들을 내보내는 전통적인 모델은 효과가 없습니다! '전통'과 '전통적인 것'은 같은 개념이 아니라는 점을 상기하는 것이 도움이 될 것입니다.

예를 들어 웨슬리의 사변형에서 사용된 전통은 세대에서 세대로 전해지는 성경의 의미에 대한 정통적인 이해로 설명될 수 있습니다. 반면에 전통적이라는 말은 특정 집단의 사람들이 "우리가 항상 해왔던 방식이다"라고 말하는 것 외에 아무 이유 없이 하는 일을 말합니다.

우리가 건물을 짓고 사람들을 초대하면 세상이 그리스도께로 인도될 것이라는 "전통적인" 생각은 분명히 효과적인 해결책이 아닙니다. 그러나 이것이 정통 신앙의 맥락에서 복음의 의미에 대한 "전통"을 잊거나 무시한다는 것을 의미하는 것은 아닙니다.

현대 교회가 이 분야에서 만들어낸 이 수많은 어려움은 단순히 예수님께 주의를 기울이는 것만으로도 극복될 수 있습니다. 그 분의 삶과 사역 뿐 아니라 특히 그 분을 따르는 자들에게 주신 사명에 주의를 기울여야 합니다. 예를 들어, 마태복음 28장 18-20절은 종종 "지상명령"이라고 불리며, 번역 문제로 인해 우리는 종종 그 명령에서 주시는 주님의 명령이 "가라"라고 생각합니다.

사실, "가라(go)"로 자주 번역되는 문구는 명령형 동사가 아닌 분사이며 "너희가 갈 때 (as you go)"와 같은 의미를 갖습니다. 즉 예수님께서는 자신을 따르는 사람들이 항상 "가고 있다"라는 전제를 갖고 계십니다.

이 동사는 이동하다, 여행하다, 여정을 떠나다, 살다 등을 의미합니다. 일반적으로 새로운 곳으로 이사하는 것처럼 "가서 머무르다"를 의미하지는 않습니다. 오히려 초점은 '우리의 일상생활 안에서의 이동'이라고 볼 수 있습니다. 이것은 우리가 "나는 일하러 간다", "나는 밥 먹으러 나간다", "나는 가게에 간다"를 말할 때 쓰이는 동사입니다.

우리는 가라는 명령을 받을 필요가 없습니다. 우리는 항상 이동 중입니다.

명령은 "제자를 삼으라"는 것입니다. 그리스어 문법에 세심한 주의를 기울여 번역하면 "제자를 삼기 시작하라"가 되어야 합니다. 즉, 예수님은 우리가 일상생활에서 만나는 사람들을 "제자화"함으로써 우리가 "가고 있다"라는 것을 활용하라고 명령하고 계십니다. 이 동사는 스승에게 집착하는 의미를 내포하는 "학생이 되는 것"을 의미합니다.

영어에서 "제자를 삼으라"는 문구를

분석하면, 명령이 "삼으라"이고 "제자"라는 단어는 우리가 삼는 것을 설명하는 명사임을 알리고 있습니다. 그러나 그것은 본문이 시사하는 바가 아닙니다. 이 문구를 "날마다 가는 곳에서 다른 사람을 제자로 삼으라"와 같이 번역하면 예수님의 말씀의 의도에 더 가깝습니다.

즉, 그들이 예수님의 제자가 되도록 돕는 것입니다. 우리가 "제자를 삼는" 것이 아닙니다. 우리의 임무는 우리가 만나는 사람들을 예수님의 인격과 사역으로 끌어들이는 것입니다. 본문에 나오는 다른 두 가지 중요한 단어인 "세례를 베푸는 것"과 "가르치는 것"도 시제 동사가 아니라 분사입니다.

그것은 우리가 "제자화"한 이후의 행동을 설명합니다. 둘 다 "삶의 습관"과 관련된 행동으로 설명할 수 있습니다. 바라는 바는 이 새로운 제자들이 우리가 "가는" 과정에서 가진 목표가 예수님이 사람들을 대하신 것처럼 우리도 다른 사람들을 그렇게 대하는 것임을 보게 되는 것입니다.

우리 가르침의 일부는 이 새로운 제자들이 그들이 만나는 다른 사람들을 어떻게 대해야 하는지를 보여줌으로써 제자들이 번식하는 환경을 마련해야 한다는 것입니다.

인위적인 제자화와 자연스러운 제자화

이 과정은 "제자화"를 인위적인 것보다는 더 자연스러운 것으로 만듭니다. 예를 들어, 일부 교회는 "심방"하고 "전도" 하기 위해 팀을 짜서 내 보내는 특정한 밤 시간을 가질 수 있습니다.

이는 그날 밤 두 세 시간 외에는 "제자를 삼는 것"이 나의 관심사가 아니라는 것을 의미합니다. 그러나 예수님은 다른 것을 요구하십니다. 우리가 다른 사람들을 제자로 삼도록 부르심을 받은 것은 "우리가 보냄을 받은 특정한 때"가 아니라 매일 정기적으로 가는 곳으로 부름을 받은 것입니다.

제자화에 대한 그러한 인위적인 접근 방식은 매주 일부 신자들이(물론 전부는 아닙니다!) 인위적인 상황에서 제자화를 시도하는 데 2시간을 보내고 나머지 166 시간은 무시된다는 것을 의미합니다. 많은 교회가 다름아닌 헛간인 것은 놀라운 일이 아닙니다.

사도행전 16장 11-15절에서 누가는 빌립보에서 루디아의 회심 이야기를 들려주는데, 이는 여기에서 제안한 내용을 완벽하게 실증합니다. 그 이야기에서 바울과 그의 선교사 동료들은 안식일을 며칠 앞둔 시점에 빌립보에 도착합니다.

그들은 ("가고 있는" 중에) 간략한 조사를

하고 강 근처에서 기도처를 발견합니다. 안식일에 그들은 "성 바깥"으로 나갔습니다. 누가는 "성 밖"을 강조하기 위해 강조된 언어를 사용합니다. 그들이 기도하는 곳에 왔을 때, 이스라엘의 하나님을 경배하지만 이스라엘 백성들과 아무 관련이 없는 이방 여인들로 이루어진 무리가 기도하고 있었습니다.

그들은 앉아서 대화를 나누었습니다. 역시 누가가 선택한 어휘는 흥미롭습니다. "말하기 시작했다"라는 동사는 "예수님에 관한 설교나 강의를 했다"가 아니라 "대화를 했다"는 것을 의미합니다.

바로 그곳에서 빌립보 교회가, 인위적이 아닌 자연스럽게, 탄생되었습니다! 불신자들을 제자삼는 주님의 제자가 되기를 원하는 사람들의 과제는 일상 생활에서 하나님께서 주신 기회를 최대한 활용하는 방법을 배우는 것입니다(엡 5:16).

여기서 잠재적인 위험은 우리가 미국 기업의 마케팅 수법을 빌려서 우리가 만나는 사람들 일부에게 매력적인 방식으로 복음을 제시할 수 있다는 것입니다. 하지만 사용하는 마케팅 기법이 그들에게 항상 매력적이지만은 않을 수도 있습니다.

"우리가 그들을 얻기 위해 갖고 있는 도구는 우리가 그들을 얻기 위해 지속해서 사용해야 합니다."라는 문구에는 어느 정도 지혜가 담겨 있습니다.

고린도에서 바울은, 고린도전서에서 뿐 아니라 바울 서신에서 중요한 문제 중 하나인, 이 문제를 다루고 있습니다. 고린도전서 1장 18-25절에서 그는 고린도의 일부 유대인들이 "표적"을 구했고, 다른 헬라인/이방인들은 "지혜"를 구했다고 말했습니다.

그러나 바울은 복음 마케팅을 거부하고 "우리는 그리스도와 그의 십자가에 못 박히신 것을 전한다"고 선언합니다. 이 말은 그가 가는 곳에서의 설교적 목적이 되었습니다. 이것은 "방법들"을 무슨 수를 써서라도 피해야 한다는 뜻이 아니라, 예수님 이야기를 듣게 하기 위해 인위적인 수단을 사용할 때 사람들이 예수님이 아닌 "방법"에 (일시적으로) 매력을 느끼게 될 가능성에 직면하게 된다는 점을 말하고 있는 것입니다.

그들이 예수님을 어떻게 생각하는지는, 그 방법이 얼마나 지속적으로 매력적인가의 전제하에 있습니다. 하지만 제자를 삼는 것은 우리에게 그보다 더 한 것을 요구합니다.

이러한 잠재적인 문제에 대한 한 가지 해결책은 마케팅보다는 일상적으로 "가고 있는" 것에 대해 더 의도적으로 행동하고 그렇게 함으로써 기존에 이미 가지고 있는 관계를 파악하고 자연스럽게 다른 관계를 만들 수 있는 기회를 알아가기 시작하는 것입니다.

제자를 삼기 위한 마케팅 계획을 세우는 대신, 이미 하나님께서 우리 손에 쥐어 주신 것, 즉 왜 활용하지 못하는지 주님께서 의아해 하시는 그 재능을 활용하는 것입니다.

아래에서부터

　제자를 삼으려는 우리의 노력이 자연스러울수록 우리는 평생 동안 예수님과 함께 할 사람들을 제자 삼을 가능성이 더 커진다는 사실을 기억하는 것이 천국 백성으로서 중요합니다.

　따라서 과제는 우리가 살아가면서 다른 사람들을 만나고 제자화를 위한 자연스러운 기회를 만들기 위해 노력하는 삶의 다양한 영역에 대해 생각하는 것입니다. 이 분야에서는 구조화 된 것이 도움이 될 수 있지만, 우리가 만든 구조가 모든 상황에 맞지 않고 항상 작동하지 않을 수도 있을 가능성이 있습니다. 우리가 이미 가지고 있는 하나님의 두 가지 자연적인 선물들, 즉 지인관계와 공동체에 대해 생각해 보는 것이 도움이 될 수 있습니다. 그리고 우리는 교육(훈련)과 멘토링 이 두 영역에서 우리가 어떻게 해야 하는지 생각해야 합니다.

　대부분의 사람들에게 매우 자연스러운 두 가지 제자를 삼는 기회는 우리가 이미 알고 있는 사람들과의 관계, 즉 지인관계와, 인간은 본능적으로 다양한 공동체(주로 비공식적인)에서 모이기를 원하는 경향이 있다는 사실에 있습니다.

　지인관계와 관련된 우리의 선교적 소망은 단순히 그 사람의 존재나 역할을 아는 것 이상으로 사랑과 신뢰를 쌓는 것에 기초를 둔 관계를 만드는 것입니다. 좀 더 직접적으로 말하자면, 우리는 의도적으로 "이름을 서로 호칭하는 사이로", 즉 친밀한 관계로 그들과 연결되려고 노력해야 합니다.

미국의 월마트 계산대에서 일하는 사람들에게는 이름이 있습니다. 그것에 주의를 기울여 본 적이 있습니까? 사무실 쓰레기통을 비워주고 청소를 하는 분들도 이름이 있는데, 우리는 그 분들의 이름을 알려고 노력했습니까? 우리처럼 바쁘게 살기에 어쩌다 한번씩 스쳐갈 뿐인 길 건너편의 이웃에게도 이름이 있습니다. 우리가 그 이름을 알려고 노력한다면 어떻게 될까요?

점점 더 많은 곳에서 카페를 발견할 수 있습니다. 사무실 대신 카페에 와서 업무를 보는 사람들도 있습니다. 이곳이 바로 우리가 사람들과 연결되고 알아가는 곳이 아닐까요?

당신의 자녀가 다니고 있는 취미활동 운동팀에서 같이 운동을 하는 어린이의 부모일 수도 있습니다. 아마도 직장을 오가기 위해 빠른 대중교통을 이용할 때 매일 만나는 사람들 일지도 모릅니다. 당신이 학교에 다닌다면, 같은 사람들과 자주 교실에 앉아 있을 기회가 있을 것입니다.

우리의 개인적인 문화적 환경에서 우리의 이웃, 직장, 일상의 "활동"이 어떤 모습이든, 목적을 가지고 교제할 수 있는 기회가 있습니다. 모든 그리스도인의 행동의 원동력은 하나님 사랑과 이웃 사랑에 뿌리를 두고 있습니다. 이웃을 사랑하는 것은 옆집 사람을 돌보는 것보다 훨씬 더 큽니다.

돌아가서 누가복음 10장에 나오는 선한 사마리아인 이야기를 읽어 보십시오. 우리가 "돌아다니며" 보는 모든 사람을 우리의 이웃으로 보도록 결심한다면 어떨까요? 우리가 의도적으로 온화함, 인내, 겸손, 존경심으로 그 사람들을 돌보기로 결정했다면 어떨까요? 우리와는 다른 가치가 있는데도요? 네, 어떤 면에서 교회는 서로를 돌보는 데 있어서 예수님의 접근 방식으로부터 멀어졌습니다.

어떤 곳에서는 교회가 "당신의 삶을 고치고 교회로 나오세요"라고 말하는 것 같습니다. 다른 곳에서는 "그냥 교회로 나오세요. 삶을 고치는 것에 대해 아무런 걱정도 하지 마세요."라고 말하는 것처럼 보입니다. 그런데 예수님은 "교회로 오세요. 그리고 우리가 함께 삶을 고쳐나갑니다."라고 말씀하시는 것 같습니다.

유기적으로 제자화하기

당신은 "예수님께로 오십시오. 당신과 제가 함께 하나님을 영화롭게 하는 방식으로 우리의 삶을 고쳐 갈 수 있습니다."라고 말할 수 있을 만큼 연결되어 있는 지인관계가 있습니까?

우리의 관계가 더욱 더 사랑과 신뢰를 갖게 될수록, 제자 삼는 것을 실천할 기회가 되는 공동체로 들어갈 가능성이 더 높아집니다.

창조가 아닌 참여

디트리히 본회퍼(Dietrich Bonhoeffer)는 자신의 저서 '함께하는 삶(Life Together)'에서 우리의 임무는 "창조하는 것"이 아니라 하나님께서 이미 하고 계시는 일에 "참여하는 것"이라고 말합니다. 분명히 소그룹, 제자도 그룹, 또는 우리가 그런 그룹을 설명하기 위해 사용하는 그 어떤 다른 이름이든지 이 그룹들은 하나님나라의 상황에서 중요합니다.

결국, 예수님 자신도 3년 반 동안 12명의 작은 그룹과 함께 일하셨습니다! 하지만 이미 존재하는 공동체를 발견하는 것이 우리에게 "좋은 토양"이 될 수도 있습니다.

빌립보에 있던 바울과 그의 친구들을 기억하십시오. 그들은 그룹을 찾았고, 그것을 기회로 보고 활용했습니다. 무에서 그룹을 만들어야 한다는 강박감을 갖기 전에 이미 존재하는 그룹을 살펴보고 그룹에 속한 사람들에게 예수님의 본을 보여주기로 헌신하는 것이 도움이 될 수 있습니다.

제자화의 기회가 있는 공동체가 발견됨에 따라, 우리는 또한 이미 존재하는 공동체에서나 또는 다양한 공동체의 다른 사람들을 돕는 사역 안에서 하나의 그룹이 예수님의 이야기와 그 적용에 관심을 갖고 함께 하는 것에 가치를 둘 수 있도록 어떻게 더 의도적이 될 수 있는지에 대해 생각하기 시작해야 합니다.

여기에서 실패의 원인 중 하나는 한 지역이나 지방에서 효과가 있는 것이 다른 곳에서는 효과가 없을 수도 있다는 것입니다. 제자 삼기에 참여하기를 원하는 사람들의 책무는 하나님께서 봉사하도록 부르신 곳에서 무엇이 효과적인지 배우는 것입니다.

이는 공동체 형성에 대한 우리의 접근 방식이 고정된 것보다 더 유동적이어야 함을 시사합니다. 그러한 공동체를 위한 우리의 목표는 언제나 동일할 수 있습니다. 즉 이 목표는 우리가 사람들을 제자삼고 세례를 주고 가르칠 수 있는 공동체를 형성한다는 것입니다. 그러나 우리가 그러한 목표를 달성하는 방식은 제자도 그룹을 만드는 기계적인 공식보다는 우리가 살고 있는 문화적 환경에 따라 형성되어야 할 것입니다.

예수님께서 공동체에 관해 말씀하신 것을 기억하십니까? "두세 사람이 내 이름으로 모인 곳에는 나도 그들 중에 있느니라"(마 18:20). "두 세사람"은 식사와 성경공부를 위해 집으로 초대함으로써 가장 쉽게 만들어 질 수 있습니다.

한 시간 일찍 출근하거나 한 시간 늦게 머물면서 커피 한 잔과 성경 공부를 하자는 초대로 만들어 질 수도 있습니다. 필요 사항을 파악하고 이를 충족하는 데 동참할 친구나 이웃 몇 명을 모집하면서 시작될 수도 있습니다.

진짜 쟁점은 우리가 함께 어울리고 취미와 관심거리를 공유하는 사람들에게 관심을 기울이고 돌본다는 것입니다. 하나님은 우리 삶에 그 분을 필요로 하는 사람들을 두셨고, 그들이 그 분을 알 수 있는 방법은 우리를 통해서입니다.

이웃을 보는 것은 하나님의 임재 안에서 시간을 보내는 것으로부터 시작됩니다. 중요한 질문은 우리가 하나님의 임재 안에서 얼마나 많은 시간을 보내고 있는가 라는 질문입니다. 우리가 하나님의 말씀을 들을 때, 하나님이 보시는 것과 같이 우리도 사람들을 보기 시작합니다.

우리의 마음은 하나님의 사랑으로 불타오르기 시작합니다. 마음을 준비하고 열린 문과 기회를 볼 수 있도록 도와달라고 하나님께 구하십시오. 우리가 영향력을 미칠 수 있는 지인관계와 공동체에서 제자 삼기를 시작할 때, 우리는 가르치는 데 좀 더 의도적이 되어야 합니다.

이 장 앞부분에서 살펴본 것처럼, 예수님 말씀에 의하면 제자를 삼은 후에 우리는 "내가 너희에게 분부한 모든 것을 가르쳐 지키게 하라"는 부르심을 받았습니다.

예수님께서 "내가 너희에게 분부한 모든 것"이라고 하신 말씀에 유의하십시오. 새로운 제자는 평생의 배움의 여정을 시작하며, 그 배움은 전체적으로 복음에 접근해야 합니다. 좋은 제자화는 기독교인의 전체적인 삶의 환경에서만 일어날 수 있습니다!

이 가르침은 기도, 성경 읽기 및 공부, 다른 사람을 섬기는 것, 예배, 헌금, 금식 및 기타 여러 가지 제자로 부를 만한 좋은 습관들을 포함하여 예수님을 따른다는 것을 의미하는 모든 본질을 포괄하는 것입니다.

"가르치다/선포하다"라는 뜻으로 바울이 가장 좋아하는 단어 중 하나는 그리스어 파라칼레오 (parakaleo)입니다. 이 동사의 명사형은 요한복음14장부터 16장까지 예수님께서 성령을 묘사하신 "위로자"라는 뜻입니다. 이 동사는 말 그대로 "옆에서 부르다"와 거의 같은 뜻입니다. 이 단어는 신약성경에서 종종 (동사로) "권면하다", "간청하다" 또는 "설득하다"로 번역됩니다.

예를 들어, 이 단어는 자주 인용되는 로마서 12장 1,2절을 시작하는 동사입니다. 여기서 하나님께서 "우리 마음을 새롭게 함으로" 우리의 삶을 변화시키시도록 우리 몸을 드릴 것을 "권면"합니다.

이 단어에 맞는 이미지는 다른 사람을 손가락질하는 대신 손을 내밀어 영적 성숙을 향한 여정에서 우리와 함께 걸어가자고 손짓하는 것과 같은 것일 수 있습니다. 그것은 마치 두 사람이 서로 어깨 동무를 하고 목적지에 도달하도록 서로 돕기로 결정하고 함께 길을 걷고 있는 것과 같습니다.

변화로 이끄는 가르침은, 우리 얼굴에 손가락질하며 해야 할 방법을 지시하는 권위주의적인 전문가 대신 거의 항상 이렇게 서로 돕는 이미지가 적합할 것입니다. 사도행전 2장 42절에서 우리는 겁에 질려 확신이 없던 열두 명의 사람들이 어떻게 오순절에 예루살렘 거리로 나와 , 그 한 세대를 대상으로, 그리고 그리스-로마 문화가 꽃피운 세계 곳곳에 하나님 나라의 전초 기지를 갖게 된 제자 삼기 프로젝트를 시작했는지에 대한 누가의 이야기를 읽을 수 있습니다.

다른 사람에게
손가락질하는
대신 그들에게
우리와 함께
걷자고 초대하기
위해 우리의 손을
사용해야 합니다.

파라칼레오(Parakaleo) - 같이 하자는 초대

그 본문은 다음과 같습니다. "그들이 사도의 가르침을 받아 서로 교제하고 떡을 떼며 오로지 기도하기를 힘쓰니라." 이 네 구절 각각 앞에는 정관사 "the"가 (누가의 헬라어 원문에서도) 나옵니다.

사도행전 1장 8절에 나오는 "오직 성령이 너희에게 임하시면 너희가 권능을 받고 예루살렘과 온 유대와 사마리아와 땅 끝까지 이르러 내 증인이 되리라 하시니라"라는 말씀에 순종하면서 어떻게 이 네 가지 생각을 갖게 되었는지는 확실치 않습니다.

그러나 오순절날 해가 지면서 열두 제자가 그날 아침 성령께서 임했던 다락방으로 돌아왔다면 그들은 피곤했을 것입니다. 그들은 적대적인 예루살렘의 거리로 나가서 복음의 좋은 소식을 선포하였고, 3,000명 (아마도 남자만의 숫자)이 세례를 받았습니다.

아마도 그들은 다락방에 모여 그들에게 일어난 모든 일들을 이야기 하고 있었을 것입니다. 누군가 "다음은 어떻게 하죠?"라고 물어볼 수도 있습니다. 여기서 중요한 것은, 그들은 겁에 질려 숨어 있던 12명의 남자에서 하루 만에 대형교회 목사가 되었습니다!

어떤 사람은 "예수님께서 우리에게 하신 일을 이 사람들에게도 해봅시다"라고 말했을 수도 있습니다. 또 다른 사람은 "그게 무슨 뜻이예요?"라고 물어 봤을 것입니다. 그에 대한 대답은 "그 분은 우리를 가르치시고, 우리와 친교하시고, 우리와 함께 떡을 떼시고, 우리와 함께 기도하셨잖아요."였습니다. 그리고 교회의 첫번째 목표 선언문이 탄생되었습니다!

제4장 유기적인 제자도

훈련은 우리의 지성 뿐만 아니라 삶 전체를 포괄해야 합니다. 초대 교회 초창기는 서로에게 진리를 가르쳤습니다. 이는 훈련에는 '사도들의 가르침'에 충실한 성경공부가 포함되어 있다는 것을 의미합니다.

그들에게 친교는 가끔 함께 나누는 식사 그 이상이었습니다. 그것은 신자들이 서로를 돌보며 살아가는 생활 방식이었습니다. 사도행전의 첫 부분에서 누가는 "가난한 자가 없었다"고 두 번 말합니다.

그들은 함께 빵을 떼었는데, 이는 누가가 주의 만찬을 묘사하는 방식이며, 이는 훈련에 예배가 포함되어야 함을 확실하게 시사합니다.

마지막으로 그들은 함께 기도했고, 사도행전을 읽으면 기도가 얼마나 강력한지 보게 됩니다. 사 복음서 중 하나를 읽고 예수님이 열두 사도와 함께 가르치고, 친교하고, 떡을 떼고, 기도하시는 구절의 목록을 만드는 것은 도움이 될 수 있습니다. 너무 진부하게 들려지게 하고 싶지 않지만, "예수님에게 효과가 있었다면 우리에게도 효과가 있을 것이다."라고 말하는 것이 합당합니다.

사도행전을 읽어보면, 누가가 자신의 이야기(교회가 나타난 후의 첫 30년을 다룬 이야기)를 마치기도 전에 제자를 양성하느라 바쁜 "3세대 제자"가 나타난 사실을 보게 됩니다. 예수님께서는 사도들을 가르치셨습니다. 사도들은 다른 사람들을 가르쳤습니다. 그 "다른 사람들"은 더 많은 사람들을 가르치게 됩니다.

바울은 그를 통해 개종한 디모데가 그의 할머니와 어머니에게서 그의 믿음을 배웠다고 말합니다. 그는 3세대 제자입니다(딤후 1:5).

너무나 명백해서 말할 필요도 없지만, 사도들이 제자 삼는 것에 헌신하지 않았다면 교회는 결코 시작되지 못했을 것입니다.

만약 그들이 만든 제자들이 또 다른 제자삼는 일에 헌신하지 않았다면 교회는 일찍 사라졌을 것입니다. 로이스와 유니게가 디모데를 가르치지 않았다면, 그가 행했던, 하나님 나라를 섬길 준비가 되어 있었겠습니까?

훈련은 우리의 지성 뿐만 아니라 삶 전체를 포괄해야 합니다.

의도적으로

이 책 앞부분에서 우리가 살펴 본대로 우리가 헛간을 지을 것인지 제자를 삼을 것 인지 이 둘 중에서 선택해야 합니다. 초대교회의 본을 따르는 훈련을 한다면 주변 사람들을 제자로 삼는 사람들을 양성하게 될 것입니다.

이는 우리가 성품, 지식, 재주에 주의를 기울인다는 것을 의미합니다. 우리는 다른 사람을 제자 삼기로 우연히 결정한 사람들을 우연히 제자로 삼게 되지는 않을 것입니다.

이와 관련하여 성품 형성이 중요합니다. 바울은 디모데전서 4장 7절에서 디모데에게 "망령되고 허탄한 신화를 버리고 경건에 이르도록 네 자신을 연단하라"고 상기시킵니다. 경건하게 되는 유일한 길은 하나님의 두 가지 큰 명령, 즉 하나님을 사랑하고 이웃을 사랑하는 것을 진지하게 받아들이는 것입니다.

하나님을 아는 것은 좋지만 부족합니다. 갈라디아서 5장 6절은 "중요한 것은 사랑으로써 역사하는 믿음 뿐"임을 상기시켜 줍니다. 우리는 "하나님을 사랑하고, 이웃을 사랑하라"는 생각 없이는 성경의 맥락 속의 "사랑"을 말할 수 없습니다.

"가는" 것을 형성하는 데 도움이 되는 공동체는 성품을 매우 중요시 여기는 곳이어야 합니다. "좋은 행동은 아무도 보지 않을 때 하는 행동"이지만 좋은 성품은 "아무도 보지 않을 때의 우리 모습"이라는 말을 생각해 보는 것이 도움이 될 수 있습니다.

본질적으로 성품은 우리가 예수님에 대해 말하는 것과 그 분을 따르는 사람으로서 우리의 본 모습 사이에서 일관성있게 발견되는 곳입니다. 우리의 좋은 행동으로 드러나는 것이 바로 그런 종류의 성품입니다. 이는 믿고 행하라고 우리 주변 사람들에게 요구하는 것을 우리도 실제로 믿고 행한다는 것으로 증거하는 것입니다.

성령님과 경건한 저자들을 통해 하나님은 성경 말씀을 그분의 백성에게 주셨습니다. 우리는 예수님이 누구신지, 그분이 어떤 변화를 가져오시는지를 성경 말씀 안에서 발견합니다.

그것을 발견하려면 약간의 노력이 필요하며, 이것이 바로 바울의 영적 은사 목록 중에서 예언, 가르침, 지식, 지혜와 같은 은사를 발견한 이유입니다. 이 은사들은 하늘나라의 삶을 위해 새로운 제자들을 준비시킬 수 있도록 제자 삼는 것에 헌신한 사람들을 양육하는 선물입니다.

훌륭한 교사는 단순히 새로운 제자들에게 성경에 있는 사실을 가르치는 것으로 만족하지 않을 것입니다. 우리는 이 새로운 제자들이 "성경적으로 생각하는 법"을 습득하기를 원합니다. 몇 가지 "성경적 사실"을 알지 못하면 실제로 "성경적으로 생각"할 수는 없지만, "성경적 사실"을 많이 알고 있다고 해서 "성경적으로 생각하는 법"을 습득했다고는 말할 수 없습니다. 열매를 맺는 제자도에는 다른 사람들에게 성경적으로 생각하는 방법을 발견하도록 도울 수 있는 헌신적인 남녀가 필요합니다.

이런 일이 일어나고 있는지 아닌지에 대한 실제 테스트는 새로운 제자들이 "자격이 없는 다른 사람들에게도" 섬기려는 의지가 있는지를 관찰하고 그 과정에서 제자화의 모범을 보이는 것입니다. 그런 일이 일어나기 전까지 우리는 다른 사람들을 제자로 삼고 가르치는 노력에서 아무런 성과도 거두지 못합니다.

　　　예수님을 따르는 것은 우리 주변 세상이 제안하는 것과 너무 반문화적이고 반직관적이므로 새로운 제자들이 즉시 예수님을 따르고 제자화하는 데 열매를 맺을 것이라고 기대해서는 안 됩니다.

　　　제자화에 종사하는 젊은 설교자들에게 보낸 바울의 편지(디모데전서, 디모데후서, 디도서)는 성숙하고 유능한 신자들이 젊고 덜 성숙한 신자들의 멘토가 될 수 있는 중요한 가능성이 있음을 시사합니다. 우리는 종종 이 세 서신을 "목회서신"이라고 부르지만, 주의 깊게 읽어보면 "하나님 나라의 종들을 위한 멘토링 매뉴얼"이라고 불러야 한다고 생각하게 됩니다.

열매를 맺는 제자화에는 다른 사람들이 성경적으로 생각하는 방법을 발견하도록 도울 수 있는 헌신적인 남녀가 필요합니다.

멘토링

우리가 제자를 위해 자연스러운 교제과 공동체 참여를 통하여 열매를 맺었고 예수님 주위에 모인 그룹에서 다른 사람에게 제자를 만드는 것을 가르치고 있다면, 이 과정에서 더 나아질 수 있도록 멘토링할 기회를 찾아야 합니다.

영적 성장은 언제나 사건보다는 과정/여정에 가깝습니다. 다른 사람들은 자신보다 앞서간 또 다른 사람들의 경험과 역량으로부터 영향을 받아야 합니다. 멘토링에 대한 연령 테스트 순서는 다음과 같습니다.

우리는 어떤 일을 먼저 하면서 다른 사람들에게 보라고 요청합니다. 그런 다음 우리는 그들에게 우리와 함께 그 일을 해달라고 요청합니다. 또 다음에는 그들이 스스로 그 일을 하고 우리는 지켜봅니다. 마지막으로 우리는 그 일을 하도록 그들을 보냅니다.

멘토링은 실제로 어떤 면에서는 양방향 도로입니다. 모든 신자는 이 분야에서 두 가지 질문을 해야 합니다. 첫째, 누가 나를 멘토링하고 있는가? 우리는 멘토링을 받기에 너무 늙지도 않았고, 멘토링을 안 받아도 될 만큼 너무 좋지도 않습니다. 둘째, 나는 누구를 멘토링하고 있는가? 만약 우리가 이러한 두질문에 답할 수 없다면 잠시 멈춰서 생각해 보아야 합니다.

멘토링에 있어서 중요한 것은 우리와 멘토링을 받는 사람이 사명 목표를 향해 책임감 있게 행동하는지 확실히 하는 것입니다. 우리가 삶 속에서 열매를 맺을 때와 수확하지 못했을 때를 공유할 수 있는 기회입니다. 결과에 대해 평가하고 솔직한 대화를 나누는 시간입니다. 누가가 이해한 친교의 중요성과 예수님께서 제자들에게 보여주신 기도의 중요성을 본받을 시간이 될 수 있습니다.

"사도들의 가르침"이 작용하는 성경공부와, 그룹이 아닌 일대일 멘토링 관계 속에서 어려운 점 중 하나는 어떻게 의미있는 대화를 시작하고 유지하여 훌륭하고 측정 가능한 결과를 만드느냐는 것입니다.

전에 언급했던 사도행전 16장에 나오는 빌립보사람과 바울의 대화를 생각해 보십시오. 누가는 단어선택에서 좀 더 격식을 갖춘 "강의를 했다"가 아닌 "대화를 했다"로 선택했다는 것은 우리들로 하여금 이러한 단어선택 뒤에 있는 가능한 의미가 무엇인지 생각하게 만듭니다.

의미있는 대화를 어떻게 시작하나요? 우리는 우리가 의도하는 대화로 이끌 수 있는 '시작하는 질문'을 할 수 있습니다. 예를 들어, 우리가 그룹에서 그리스도 인에 있는 기쁨에 대해 가르치고 싶다면 "인생에서 무엇이 당신에게 큰 기쁨을 주는가?"와 같은 개방형 질문으로 시작할 수 있습니다.

영적 성장은 언제나 사건보다는 과정/여정에 가깝습니다.

"시간을 최대한 활용하기"에 대한 교훈을 가르치고 싶다면 "하루 종일 할 일이 없다면 어떻게 보내시겠어요?"로 시작할 수 있습니다.

때때로 "사람들의 가려운 곳을 긁어주는" 그런 질문이 있습니다. 하지만 때로는 그렇지 않을 때도 있습니다. 그룹 멤버들의 실질적인 필요보다는 교사 혹은 리더의 의제를 반영할 가능성이 거의 항상 있습니다.

지도자들이 때때로 잊어버리는 것은 우리가 훈련하고 멘토링하고 있는 사람들이 다양한 어려움에서 삶을 살고 있다는 것입니다. 그러므로 우리가 가르치는 방법에 있어서 더 유연할수록 우리가 그들의 다양한 어려움에 동참하고 이는 그들에게 변화를 가져오게 됩니다.

이 장의 제목을 기억하시나요? 그것은 "유기적인 제자도"입니다. 유기적인 것에는 성장, 환경에 대한 민감성, 상황에 대한 독특성 등 모든 종류의 의미가 함축되어 있습니다.

제자화에 대한 보다 예측 가능하고 구조화된 접근 방식을 발견할 수 있는 모든 종류의 자원이 있지만, 실제 과제는 자신의 문화적 환경에 적극적으로 참여하여 유익하고 지속 가능한 제자화에 대한 독특하고 유익한 접근 방식을 발견하는 것입니다.

고린도전서 1장 11절에서 사도 바울은 고린도 교인들에게 "내가 그리스도를 본받는 자가 된 것 같이 너희는 나를 본받는 자가 되라"고 권면합니다. 이는 "유기적인 제자화"를 위한 우리의 노력이 "예수를 본받음"으로써 축복을 누릴 수 있다는 생각의 문을

열어줍니다. 그래서인지 복음서에서 가끔 '예수님의 하루' 같은 말들이 나오는 것을 볼 수 있습니다

그러한 본문 중 하나, 특히 제자화라는 개념과 연결되는 본문이 마태복음 9장 35-39절에 있습니다. 마태복음에 따르면 예수님께서는 "모든 도시와 마을에 두루 다니"시고 계십니다. 여기서 마태의 이 동사선택은 "예수께서 습관적으로 도시와 마을을 두루 다니신다"와 같은 의미인 것을 암시합니다. 그것이 지상명령의 여정에서 "가고 있다"와 같은 것입니다.

예수님의 하루

예수님께서 다니시면서 회당에서 가르치시며 천국 복음을 전파하시며 모든 병과 약한 것을 고치셨습니다. 분명히 그 분의 "가심"은 사역과 제자화의 측면에서 의도적입니다. 예수님께서는 이러한 활동을 하시면서 무리, 즉 상당한 어려움을 겪고 있는 무리를 만나셨습니다. 마태는 그들을 "목자 없는 양"으로 묘사합니다.

무리를 혐오하거나, 두려워하거나, 심지어 군중을 무시하기로 선택하는 대신, 그 분은 우리를 불쌍히 여기시고 그것을 "추수할 것이 많은 것"으로 보셨습니다. 바로 그 때 예수님께서 "'추수하는 주인에게 청하여 추수할 일꾼들을 보내 주소서' 라고 기도하라"고 말씀하셨습니다.

회당에서 가르치고, 복음을 선포하고, 질병을 고치는 세 가지 문구를 취하여 예수님께서 이러한 일을 행하시는 곳을 복음서에서 찾아보면, 우리는 제자화에 대한 그 분의 접근 방식이 강렬했다는 것을 금방 발견할 수 있습니다.

그 분께서 회당에서 가르치실 때 종종 생명의 위협을 받았습니다. (눅 4:16-30, 특히 28-30절을 읽어 보라.) 그 분이 천국의 복음을 선포하셨을 때(눅 7:36-50을 읽어 보라.) 당시 매우 종교적인 사람들은 분노했습니다.

그 분이 치유하셨을 때에도 우리는 종종 그 분을 파멸로 이끌 준비가 되어 있는 종교 지도자들을 발견합니다. (마 12:9-14) "예수를 본받는다"는 것은 우리가 그 분의 활동을 문자 그대로 모방하려고 노력한다는 것을 의미하는 것이 아니라 그러한 특정한 종류의 행동이 우리 자신의 문화적 환경에서 어떻게 표현될 수 있는지 발견하는 것을 의미합니다. 예수님은 자신의 세상에 참여하셨고, 세상의 필요를 아시고, 그러한 필요를 충족시키기 위해 기꺼이 위험을 감수하신 것 같습니다. 그것은 최고의 유기적인 제자화입니다!

마태가 "예수님의 생애의 하루"에 관해 어떻게 말하는지 유의해 보십시오. 우리는 예수님께서 행하신 일, 예수님께서 보신 것, 예수님께서 느끼신 것, 그리고 예수님께서 말씀하신 것을 배웁니다. 우리는 참여, 인식, 위험 감수의 맥락에서 그 과정을 배웁니다.

우리가 문화적 환경에 깊이 동참하여 그 요구 사항을 자세히 인식하고 그러한 요구 사항을 충족하기 위해 심각한 위험을 기꺼이 감수한다면 어떻게 될까요? 만일 우리가 그렇게 했다면, 우리는 예수님께서 하신 일을 하고, 예수님께서 보신 것을 보고, 예수님께서 느끼신 것을 느끼고, 추수의 주인이신 하나님께 기도할 때 우리 자신의 기도에 대한 응답이 된다는 것을 발견하게 될 것입니다.

예수님이 하신
일을 하고,
예수님이 느낀
것을 느끼고,
예수님이 보신
것을 보는 것.

제 5 장 번성

　예수님의 가르침은 종종 농사 이미지를 사용하여 하나님 나라의 성장에 대해 이야기하고 제자들은 천국을 땅으로 가져오려고 시도합니다. 예를 들어, 이전 장에서 우리는 세 공관 복음서 모두에 나오는 이야기인 씨 뿌리는 자의 비유에 주의를 기울였습니다. 그 이야기에서 기억해야 할 것은 좋은 땅에 떨어진 씨가 열매를 맺었다는 사실 뿐만 아니라, 길가에, 바위 틈에, 가시덤불 속에 떨어진 씨는 열매를 맺지 못했다는 사실입니다. 농사를 짓거나 뒷마당 정원을 가꾸어 본 적이 있는 모든 사람은 농사의 세계가 어렵다는 것을 알고 있습니다.

가라지 비유는 마태복음 13장 24-30절에만 나옵니다. 주인이 종들에게 좋은 씨를 밭에 뿌리게 하였음에도 불구하고 그의 원수들이 밤에 와서 좋은 씨 가운데 가라지를 덧뿌렸습니다. 이 이야기는 하나님 나라 백성들이 어려움에 대처하는 방법을 배우는 데 도움이 될 수 있는 흥미로운 이야기이며, 농업 세계에서의 삶이 어렵다는 점을 다시 한 번 일깨워줍니다.

예수님 당시의 농부들은 다음 해의 추수를 염두에 두고 수확을 했습니다. 파종기에는 씨앗을 살 수 있는 종자 상점도 없었습니다. 그들은 다음 시즌을 위해 밭에 씨를 뿌립니다. 그들은 가족을 먹여 살리는 것이 어려운 상황에서도 그렇게 해야 했습니다. 그들은 다시 심기 위해 가장 좋은 식물의 씨앗을 보관했습니다.

그들의 목표는 수확량을 늘리는 것이었습니다. 이는 좋은 땅이 "삼십 배, 육십 배, 백 배"의 수확을 거두었다고 예수께서 말씀하신 씨 뿌리는 자의 비유에 나오는 언어를 이해하는 데 도움이 될 수 있습니다. 시편 126편 5-6절은 "눈물을 흘리며 씨를 뿌리는 자는 기쁨으로 거두리로다"라고 말씀합니다.

눈물로 씨를 뿌리러 나가는 사람은 기쁨으로 단을 가지고 돌아올 것입니다. 이 농부들은 배고픈 가족들을 위해 "눈물을 흘리며 씨를 뿌리며" "울면서 나가고" 있습니다. 심지 않으면 내년에 굶어 죽게 됩니다.

이는 우리에게 제자도에 대한 강력한 원칙을 제공합니다. 우리가 씨앗을 심을 때, 단지 다가올 겨울을 위해 헛간을 채울 몇 개의 씨앗만을 바라는 것이 아닙니다. 우리는 내년에 있을 큰 수확을 위해 심고 있습니다.

제자도는 매년 우리 교회의 회원 명부에 한 두 사람을 추가하는 것이 아닙니다. 우리의 사명은 그리스도를 위해 세상을 구원하는 것입니다! 우리는 다음 해에 새로운 밭에 심을 수 있는 많은 씨앗을 생산하는 풍성한 수확을 보기 위해 복음의 씨앗을 심습니다.

지인관계에 있는 모든 친구는 많은 씨앗을 얻을 수 있는 잠재적인 수확물입니다. 왜냐하면 그 친구는 다른 많은 친구와 교제를 갖게 될 것이기 때문입니다. 예수님께서 말씀하셨습니다. "나는 너희에게 이르노니 너희 눈을 들어 밭을 보라 희어져 추수하게 되었도다"(요 4:35).

하나님의 나라는 성장에 달려 있다는 사실을 농사의 이미지를 통해 상기시키는 것은 우리가 그렇지 않은 경우보다 제자화를 더 진지하게 받아들이도록 하는 강력한 동기가 될 수 있습니다. 그러나 동시에 우리는 농사의 결과물이 보장되지 않는다는 사실을 잊어서는 안 됩니다.

제2차 세계대전 당시 독일의 위대한 목사이자 신학자인 디트리히 본회퍼(Dietrich Bonhoeffer)는 제자도의 대가(The Cost of Discipleship)라는 놀라운 책을 썼습니다. 이 책의 주제는 예수를 따르는 것은 값비싼 믿음의 실천이며, 여정을 시작하기 전에 그 대가를 계산해야 한다는 것입니다.

이것은 누가복음 14장 8-33절에서 예수께서 말씀하신 두 가지 간단한 비유와 다르지 않습니다. 여기서 예수님께서는 탑을 쌓는 사람은 공사를 마치지 못하고 비웃음을 당하지 않으려면 시작하기 전에 그 비용이 얼마인지 알아야 한다고 말씀하셨습니다.

또는 전쟁에 임하려는 왕은 전투에서 승리할 수 있는지 확인하기 위해 자신의 자원을 계산해야 합니다. 그렇지 않다면 평화협상을 모색해야 합니다. 성장의 비유와 비용 계산의 비유를 중첩시키는 요점은 제자화가 때로는 말처럼 쉽지 않다는 점을 상기시켜 주는 것입니다.

한 세대에 심은 씨앗은 한 세대 이상이 지나야 발아하여 생산성을 발휘할 수 있습니다. 한국전쟁 후 남한으로 간 1세대 선교사들은 주님께 구원받은 영혼들의 큰 수확을 보고하는 데 있어서 "성공적"이지 않았습니다.

하지만 그들 중 많은 사람은 복음을 전하고 제자삼는 일에 충성스럽게 일했습니다. 그리고 그 다음 세대에 이르러 우리는 한국 땅에 하나님의 나라가 크게 성장하는 것을 볼 수 있습니다.

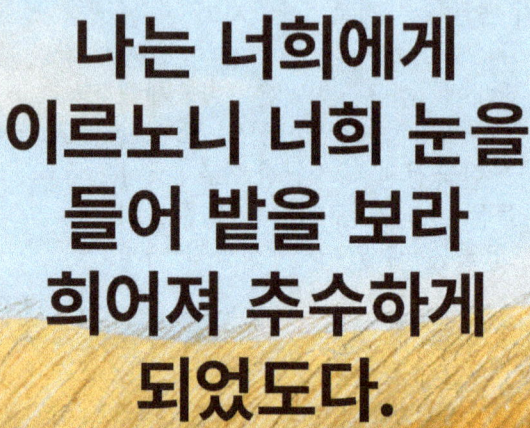

나는 너희에게
이르노니 너희 눈을
들어 밭을 보라
희어져 추수하게
되었도다.

요한복음 4장 35절

이는 1세대의 사역이 실패했다는 뜻이 아니라 오히려 그 반대였습니다. 2세대는 1세대로부터 좋은 땅이 어디인지 배울 수 있었습니다. 가라지의 비유에 나오는 원수들이 좋은 씨 가운데 가라지를 뿌리는 것처럼 보일 수도 있습니다.

우리는 하나님의 나라가 아닌 세상의 나라를 기준으로 측정하는 방법을 너무 자주 채택했기 때문에 제자화 노력에 대한 반응이 어디에서나 동일할 것이라고 기대하는 경우가 많습니다.

결국, 그러한 태도는 제자를 삼아 그리스도를 섬기려는 많은 사람들이 자신을 실패자로 여기고 하나님 나라에 아무런 가치가 없는 사람으로 스스로를 여기게 만듭니다. 디모데후서 2장 15절에서 바울은 불신자들을 제자화하기 위해 일하는 청년 디모데에게 이렇게 말합니다. "너는 진리의 말씀을 옳게 분별하며 부끄러울 것이 없는 일꾼으로 인정된 자로 자신을 하나님 앞에 드리기를 힘쓰라."

당신이 신약 킹제임스 성경을 읽고 자랐다면, "너 자신을 나타내기 위해 연구하라..." ("Study to shew thyself ... ")라는 말을 기억할 것입니다. NASB와 다른 많은 현대 번역본에서 "부지런하라"로 번역된 바울이 사용한 실제 단어는 "최선을 다해라"와 같은 것입니다.. 바꿔 말하자면, "자신을 보여주기 위해 노력을 아끼지 말라."라고 읽을 수 있습니다.

여기서 우리가 주목해야 할 핵심은 '너 자신'이 단수라는 점입니다. 디모데는 다른 사람의 최선이 아니라 자신의 최선을 다해야 합니다. 바울은 "나처럼 잘 하십시오"라고 말하고 있는 것이 아닙니다. 하나님은 우리의 삶과 일을 다른 사람의 삶과 비교하라고 요구하지 않으십니다. 그 분은 다른 사람의 최고가 아니라 우리 각자에게 "우리의 최선"만을 요구하십니다.

그렇다면 요점은 무엇일까요? 제자화는 농사와 마찬가지로 아슬아슬한 일입니다 바울이 고린도전서 3장 5-9절에서 고린도인들에게 분명히 밝혔듯이, 사람은 심고, 사람은 물을 주지만, 결국 씨를 자라나게 하시는 분은 하나님이십니다.

그는 고린도인들에게 그들의 도시에 복음을 심은 사람은 자신이고, 물을 준 사람은 아볼로지만 자라게 하신 분은 하나님이셨다고 말합니다.

우리가 제자를 삼고 우리의 최선을 다할 때, 하나님께서 우리에게 요구하시는 일, 즉 "최선을 다하라"를 행한 것입니다. 수확량이 크든 작든 그것은 사실입니다.

큰 수확을 얻는 사람들은 교만과 오만함을 피하기 위해 세심한 주의를 기울여야 합니다. 최선을 다한 후에 작은 수확을 얻은 사람들은 하나님께서 우리에게 요구하시는 일을 마친 것에서 위안을 찾아야 합니다.

자세한 관찰

어떻게 적용할까요?

데니스는 자신의 볼링 클럽 멤버에게 직접적인 방법을 사용하여 교회에 참석하도록 설득하는 데 시간을 보냈습니다. 여기서 그는 예수님이 자신의 삶을 어떻게 바꾸셨는지, 그리고 그들도 교회에 와서 그들의 삶이 바뀌기를 원해야 한다고 말했습니다. 볼링 그룹의 일부 회원은 과거에 교회에서 부정적인 경험을 했기 때문에 관심이 없습니다. 데니스는 어떻게 그들에게 다가갈 수 있을까요? 그는 볼링을 쉬는 기간동안 앉아서 이야기를 나누고 간식을 즐길 수 있도록 그들을 집으로 초대하기로 결정했습니다. 여기서 그는 자신의 삶에서 하나님을 믿기 전과 후의 다른 점을 아무렇지도 않게 꺼낼 수 있었습니다.

그물을 반대편으로 던지라

이런 풍성한 추수를 이루려면 우리의 생각과 방법을 바꿔야 할 때도 있습니다. 이것은 마지막 장이므로 몇 가지 농업적 비유를 더 써도 상관이 없을 것 같습니다. 바나나를 재배하고 싶고 바나나를 재배할 수 있는 가장 좋은 장소를 찾고 있다면 인도, 브라질 또는 에콰도르를 선택할 수 있습니다.

열대 지방이 아닌 핀란드에서 바나나를 재배하기로 결정했다면, 바나나는 겨울이 다가오자마자 얼어 죽을 것입니다. 그런 일을 시도할 만큼 어리석은 농부는 없을 것인데, 그렇다면 우리는 왜 교회에서 이런 일을 하는 걸까요?

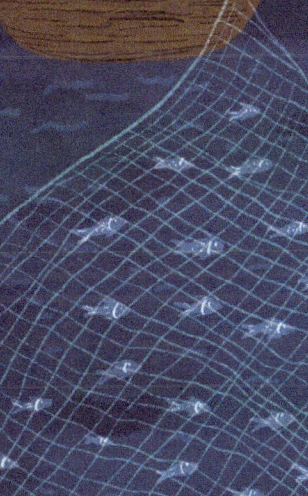

나를 따르라...

각각의 장소에 있는 각각의 씨앗에는 각각 다른 유형의 양육방식이 필요합니다. 바나나는 북유럽의 툰드라에서는 자랄 수 없으며 핀란드 소나무가 아라비아 사막에서 살아남을 것이라고는 기대할 수 없습니다. 그러나 교회에 있어서는 한 곳에서 성공한 것을 모방하고 완전히 다른 환경/문화/사람들에게 이식하여 동일하게 작동하기를 기대하는 욕구가 있습니다.

요한복음 21장에서 베드로는 예수님의 제자들 중 여섯 명에게 "고기를 잡으러 가겠다"고 알리고 함께 가자고 말했습니다. 그들은 갈릴리 바다에 가서 밤새도록 고기를 잡았지만 한 마리도 잡지 못했습니다! 이것은 아마도 예수님께서 베드로에게 보내는 그의 계획에 대한 메시지였을 것입니다. 그날 아침 그들이 해안에 접근했을 때, 예수님께서는 (그들은 그분을 알아보지 못하였지만) "얘들아, 너희에게는 물고기가 없느냐?"라고 묻습니다. 그는 아침 식사로 생선을 굽기 위해 이미 숯불을 피우고 계셨습니다.

그는 "그물을 반대편으로 던지라"고 말씀하셨습니다. 그들은 이 낯선 사람의 말을 들었고 결국 해안으로 거의 돌아갈 수 없을 만큼 많은 물고기를 잡게 되었습니다. 마침내 베드로는 예수님이심을 알아보고 해변으로 달려갑니다. 다른 제자는 그물을 물가로 끌고 갑니다. 물고기는 153마리였습니다.

우리가 아무리 열심히 일하고, 아무리 많은 노력을 기울인다 해도, 우리 예배 팀에 아무리 놀라운 무대연출 장비를 추가한다 해도 그것은 성장을 가져오지 못할 것입니다. 농부는 밤낮으로 농작물을 돌보고, 매일 물을 주고, 눈을 피해 덮어주고, 비료와 영양분을 주지만 여전히 자라지 않습니다. 결국 농부는 자신이 하는 일만 통제할 수 있을 뿐, 식물이 시도하는 일이 있다면 그것을 컨트롤할 수는 없습니다.

모든 농부는 결국 통제를 포기하고 그저 희망을 가져야 하는 지점에 이르게 된다는 것을 알고 있습니다. 요한복음 21장에서 베드로는 물고기를 잡으려고 온 힘을 다했지만, 밤새도록 애썼지만 직업적인 어부인데도 한 마리도 잡지 못했습니다! 그가 잡기를 포기하고 예수님께 넘겨주었을 때 갑자기 그물에 물고기가 넘쳐난 것이었습니다!

이 세 가지 아이디어를 결합해

보겠습니다. 고린도교회에는 바울을 따르는 사람들과 아볼로를 따르는 사람들 사이에 논쟁이 벌어지고 있는데, 바울은 고린도전서 3장 6-9절에서 이렇게 말합니다. "나는 심었고 아볼로는 물을 주었으되 오직 하나님께서 자라나게 하셨나니 그런즉 심는 이나 물 주는 이는 아무 것도 아니로되 오직 자라게 하시는 이는 하나님뿐이니라 심는 이와 물 주는 이는 한가지이나 각각 자기가 일한 대로 자기의 상을 받으리라 우리는 하나님의 동역자들이요 너희는 하나님의 밭이요 하나님의 집이니라."

심고 물을 주는 것은 우리의 의무입니다. 심는 사람은 결국 자라나는 작물을 보지 못할 수도 있는데, 아마도 멀리 떨어진 마을에서 어떤 한 사람과 함께 씨앗을 심었기에 다시는 그들의 소식을 듣지 못할 수도 있습니다.

물을 주는 사람은 이 씨앗을 가진 사람을 수년 동안 멘토링하고 그들의 노력에도 불구하고 진전이 없는 것처럼 느낄 수 있지만, 하나님은 그들의 공동체 안에서 촉발될 사명을 싹트게 하기 위해, 심는 사람이나 물을 주는 사람이 보지 못하고 이해하지도 못하는 방법으로, 그들 안에서 일하고 계실 수도 있습니다.

그러나 어느 쪽이든 성장 자체를 컨트롤하려고 시도했다면 아마도 성장이 일어나지 않았을 것입니다. 그러나 하나님으로 하여금 그들의 잠재력에 역사하시도록 허용한다면 이 씨앗이 성장하는 면에서 한계가 없습니다.

놓아주고 가라
(Let go and Go)

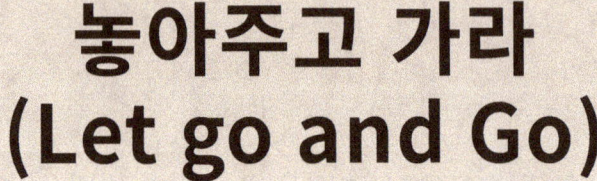

여기, 교회에서 난관에 부딪혔습니다. 성장이 '올바르게' 이루어지도록 컨트롤을 유지하려는 우리의 열망에서 우리만의 방식을 제자도 과정에 적용하고 있으며, 이것이 교회 안에서 느끼는 것보다 더 크게 느껴지는 곳은 없습니다.

흥미롭게도 사도행전을 기록하면서 누가는 바울이 돕는 모든 개 교회가 반드시 따라야 하는 일종의 단일체 구조에 관심을 보이지 않습니다. 서구 세계의 대부분은 그러한 문제에 집착하는 것처럼 보이지만 나머지 세계의 대부분은 그러한 문제에 무관심한 누가와 더 비슷해 보입니다.

교단은 전략, 협력, 신학적 정통성, 자원 통합에 도움이 될 수 있습니다. 그러나 실제로 제자 훈련을 수행하는 사람들이 최상의 방법을 결정하도록 허용하기보다는 관료 체제가 임무를 결정하도록 허용하는 위험은 항상 존재합니다. "멀리서" 사람들이 개발한 구조는 때때로 임무완수를 위한 자원을 제공하기보다는 임무를 컨트롤하려고 시도할 수도 있습니다.

믿지 않는 사람이 예수님을 따르기로 결정할 때마다 그는 하나님의 나라를 대표하여 새로운 영토임을 주장하는 깃발을 꽂는 것이라고 생각하는 것이 도움이 될 수 있습니다. 그 상상의 깃발 주위에서 신자들은 사도들의 가르침과 친교, 떡을 떼는 것과 기도에 헌신하면서 예수님의 이름으로 모일 수 있습니다(행 2:42). 사방이 불신자들로 둘러싸여 있을 수 있지만, 예수님에 대한 믿음을 통해 우리는 하나님 나라의 왕이신 메시아 예수님의 영토임을 주장했습니다.

이것이 바로 "하나님 나라의 전초기지"라는 용어가 교회가 무엇인지에 대한 생생한 설명이 될 수 있으며, 우리가 "하나님 나라 전초기지"를 형성하는 데 도움을 줄 수 있는 접촉점을 찾기 위해 우리 주변의 문화적 환경에 참여하며, 그를 통해 "하나님 나라를 대표하여 깃발을 꽂는 공동체를 형성하는 것입니다. 이것이 바로 기관과 운동 (institution and movement)사이의 관계가 중요해질 수 있는 곳입니다.

본질적으로 기관은 필요 이상으로 관료적이며 행동 속도가 느린 경우가 많습니다. 그들은 구조에만 너무 집중한 나머지 사명을 간과할 수 있습니다. 반면에 운동은 순간적으로 자유롭게 반응하고 구조가 거의 없으며 제자도를 포함한 하나님 나라의 가치를 훨씬 더 유익한 방식으로 발전시키는 경우가 많습니다.

그러나 운동의 위험요소는 그들이 너무 자유롭고 체계가 없기 때문에 복음에서 벗어날 수 있다는 것입니다. 기관은 운동이 그러한 걸림돌을 피하도록 도울 수 있습니다.

따라서 우리가 흔히 볼 수 있듯이 기관이나 운동 중 하나를 선택해야 하지만 둘 다 제자화와 같은 사역을 통해 하나님 나라의 성장을 촉진하는데 도움이 될 수 있습니다.

유기적 제자도에 대해 우리가 생각해온 것이 정말로 성경적이고, 어디서나 누구나 할 수 있는 것이라면, 운동의 문제는 구조나 자원이 아닐 것입니다. 이는 기관이 해결해야 할 문제입니다.

특히 다른 곳에서 일어나는 제자화 사역 측면에서 기관의 주요 기능은 운동 지도자들이 다양한 문화권의 제자화에 대해 문화적으로 적절하고 신학적으로 건전한 접근 방식을 찾도록 돕는 것입니다.

자세한 관찰

어떻게 적용할까요?

데니스는 비공식 모임을 통해 활기를 찾고 볼링 친구들을 교회로 데려오기를 원합니다! 그러나 그는 아직 성공하지 못했습니다. 대신 일부 사람들은 볼링을 하지 않는 그들의 친구들을 이 모임에 초대하는 것에 대해 이야기합니다. 데니스는 처음에 자신이 거절하고 싶은 마음을 갖고 있다는 것을 알게 되었습니다. 이들은 그가 교회에 데리고 가려고 노력하는 사람들인데 너 많은 사람이 보이면 이것을 더 어렵게 만들 것입니다. 그는 하나님께서 그에게 말씀하실 수 있도록 한 걸음 물러섰고 결국 그들을 환영한다고 말했습니다. 그의 집에 낯선 사람들이 들어온다는 것은 매우 신경 쓰이는 결정이었습니다.

볼링을 잘하는 방법에 대한 이야기와 농구 시합의 결과에 대한 각자의 주장을 논하는 대화 사이에 하나님이라는 주제가 서서히 더 많이 삽입되기 시작합니다. 제자도의 첫 몇 단계가 시작되었습니다. 데니스는 이야기가 더 진지해지면 자료를 얻기 위해 목사님에게 자주 갑니다. 이제는 그들 중 몇 명을 교회로 데려가려고 노력하는 대신 데니스는 새로운 교회의 첫 번째 씨앗을 심었습니다!

결론

제자도와 제자화에 관한 이 여정을 마무리하면서 우리의 첫 번째 과제는 제자화의 세계에서 말하는 것과 행동하는 것이 어떻게 상호 유익할 수 있는지 알아보는 것입니다. 수년에 걸쳐 수천 번 반복된 오래된 속담, "말만 그럴싸하게 할 수는 없고, 행동으로 보여줘야 한다" ("you can't just talk the talk, you must walk the walk.")는 것을 상기해야 합니다.

그러나 우리는 말하기를 좋아하는 사람들입니다. 우리는 말하는 것을 통해 책을 쓰고, 설교하고, 강의를 해서 말하는 것에 대해 더 많은 이야기를 할 수 있습니다. 그동안 행위는 실천을 기다리고 있습니다.

헛간은 물건을 보관하는 곳임을 기억해야 합니다. 유용하고 때로는 필요하기도 하지만 엄청난 잠재력을 지닌 저장소입니다. 가만히 놔두면 사용하지 않는 근육처럼 서서히 위축될 가능성이 있습니다.

교회는 하나님께서 의도하신 모습이 되도록 자유로워져야 합니다. 모든 신자는 사명의 일부입니다. 사람들이 의자에 묶여 있지 않고 성령에 의해 주변 세상으로 나아 갈 때 교회는 가장 빠르게 성장합니다.

오늘날의 일반적인 사고방식은 어떻게 바뀔 수 있습니까? 그것은 당신으로부터 시작됩니다. 그렇습니다. 당신이 이 책을 읽으며 여기까지 왔다면 당신은 하나님께서 당신을 위해 예비하신 것에 대해 충분히 관심을 갖고 있는 것입니다. 그러므로 나가서 실행하십시오. 작은 것부터, 이름을 기억하는 것부터 시작하세요. 거기서부터 하나님과 함께 위로 올라가는 것입니다.

당신이 목회자나 지도자라면? 축하합니다! 당신은 전체 회중을 제자로 만들기를 시작할 수 있는 기회를 가지고 있습니다! 하나님께서 어디에서 "증가하게 더하여 주시는지" 주시하십시오. 당신에게는 가속력있는 운동과 개인을 탄력적으로 찾아야 할 책임이 있습니다. 그들을 양육하고 격려하십시오. 만약 하나님께서 누군가에게 불로 세례를 주셨다면, 그 불이 그 사람 안에 계속 살아 있도록 하는 것은 여러분의 몫입니다!

하나님은 오늘날 전 세계 교회를 뒤흔들고 계십니다. 우리의 삶을 주변 사람들과 공유하는 단순함으로 돌아가는 새로운 운동이 시작되었습니다. 제자를 배가하는 것은 어렵지 않지만 노력과 희생이 많이 필요합니다. 우리의 자존심과 이기심이 희생될 것입니다. 하나님은 우리가 그 분의 거룩함과 사랑을 반영하도록 우리를 리메이크하기를 원하십니다.

그 분은 우리로 하여금 우리가 만나는 모든 사람을 하나님이 사랑하시고 예수님께서 그를 위해 죽으신 사람으로 보기를 원하십니다. 이 모델은 어디에서나 구현될 수 있습니다. 그것은 오직 성령이 어디로 인도하든지 성령을 따르려는 사람들의 마음에 달려 있습니다.

부록

단 계 및 도 구

우리의 목적은
의도적이고 창의적으로
다른 사람의 필요를
우리 자신의 필요보다
앞세우고 그리스도의
선물이 온화함과
존중, 겸손과
함께 우리에게서
흘러나오도록 하는
것이다.

단계

세상을 바꾸기 위해
우리 삶을 조율하는 방법

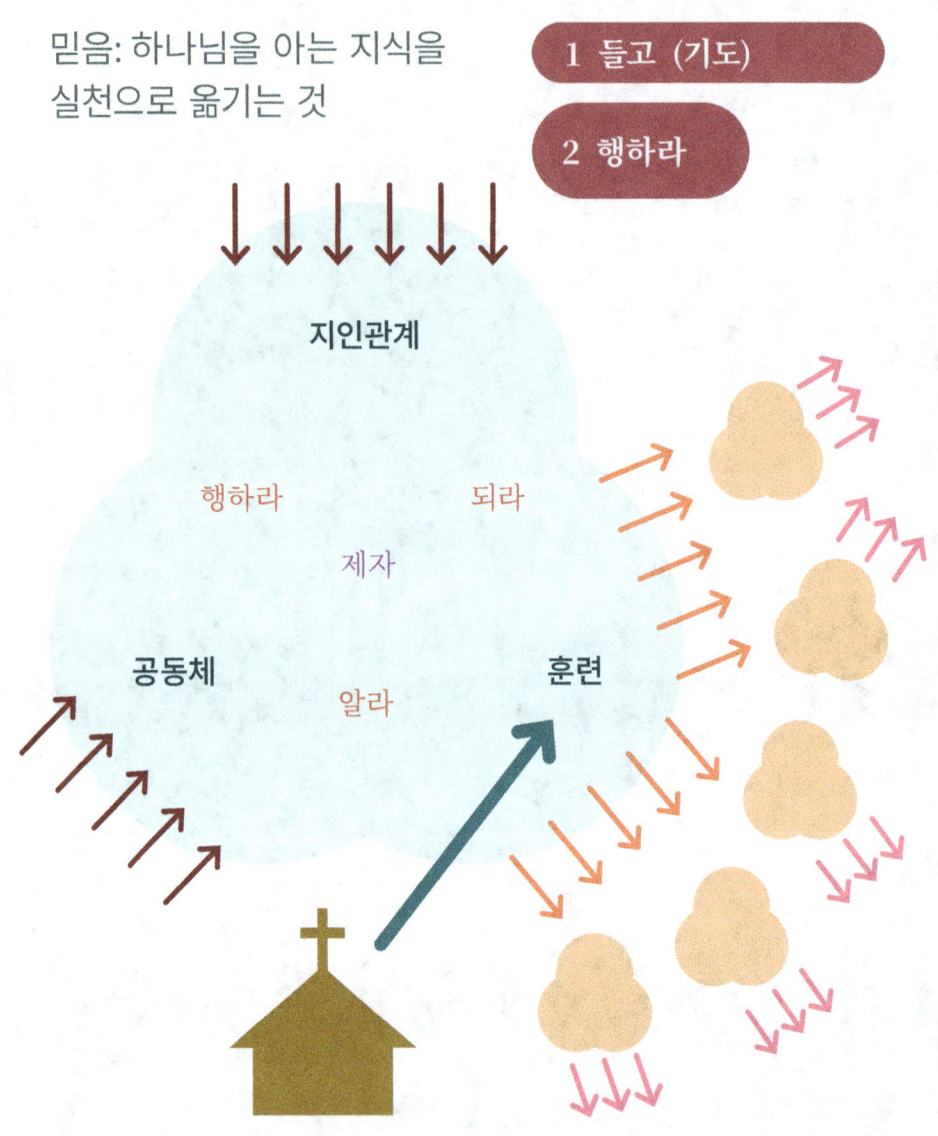

제자를 삼지 않는 개인이나 집단에 대해 가능한 설명은 두 가지 뿐이다. 무지 혹은 죄.

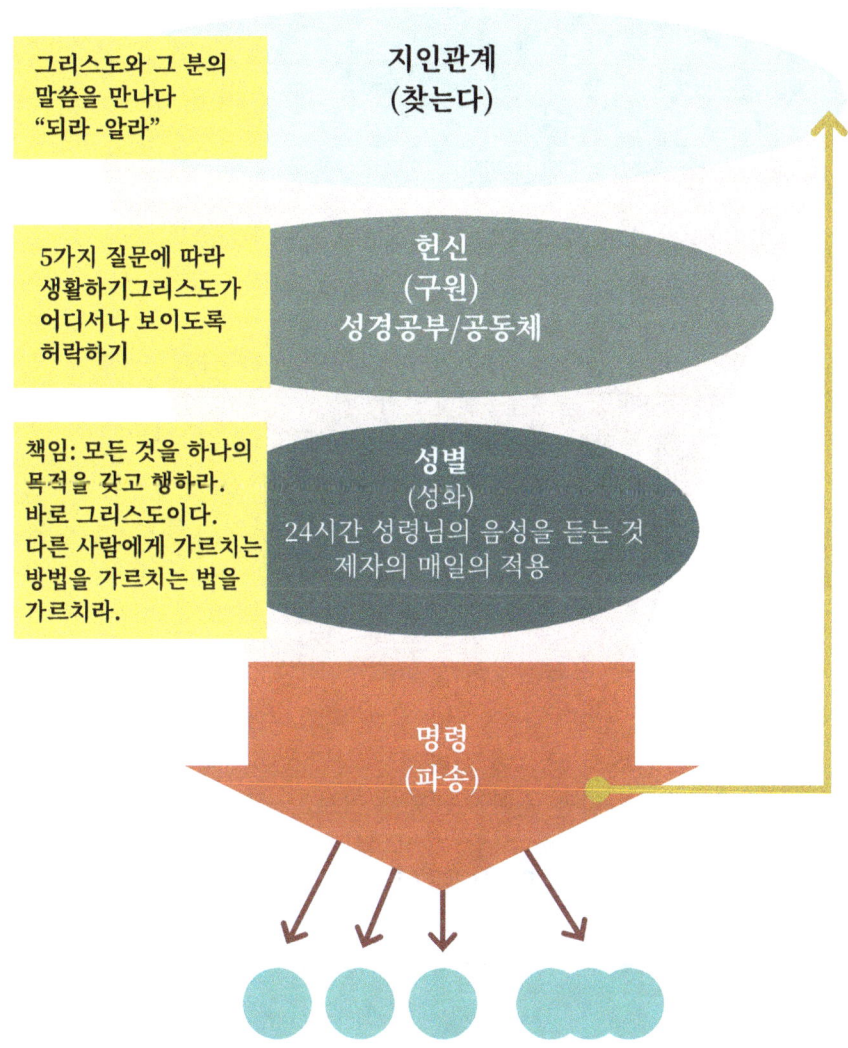

1
행하라

1. 매일 다섯 가지 질문을 연습하라.
   다음 사항을 상기시키도록 알람을 설정하라.

   - 매 시간마다 "나는 여기서 무엇을 하고 있고, 내 손에 있는 것은 무엇인가?"
   - 30분마다 "내 앞에는 있는 사람은 누구인가?" 그리고 "내가 하나님의 거처인 것을 알지 못하는가?"
   - 모든 직업/만남은 하나님이 인간에게 다가가기 위해 사용하시는 기회이다.
2. 기도(듣기) 일지를 기록하라. "모든 사람이 나 같이 제자를 삼는다면 어떨까?"
3. 일지를 통해 하루를 신중하게 계획하라.
   하나님께서 당신이 접촉하는 사람들에게 무엇을 말씀하시기를 원하시는지 들어보라. 모든 장소, 모든 순간, 모든 사람: 들으라(LISTEN)
4. 치유의 필요성을 나열하라. 모든 사람에게는 하나님의 치유의 손길이 필요하다.
5. 최소 1명의 파트너와 함께 12명 이하의 팀을 만들라.

2
접촉 그룹 만들기

> **초점: 불신자들이 당신 안에 계신 그리스도를 만나도록**
>
> 어디에 있든지 재미있는 그룹을 만들라: 취미모임, 동네에서, 직장에서 그룹을 만들어보라. 사람들이 "왜 그렇게 친절해요?"라고 물을 만큼 다르게 대하라. 그런 다음 성령이 속삭일 때 그들을 여러분의 공동체 그룹에 초대하도록 하라.

1. 듣고, 나누고, 듣고, 사랑하고, 듣고, 듣고, 듣고...
2. 관계를 구축하라.
3. 공통 관심사를 찾아보라.
4. 커피, 스포츠, 점심, 커뮤니티 프로젝트, 개인교습, 음악...
5. 가족간 연결
6. 그들에게 봉사하겠다고 제안하거나 도움을 요청하라.
7. 질문을 하게 만드는 분위기를 조성하라.
8. 질문을 받으면 자신이 그리스도인이라고 밝히기 보다는 예수님을 따르는 사람이라고 답하라.

9. 사랑은 자신의 필요보다 다른 사람의 필요를 먼저 생각하는 의지의 결정이다(기본 가이드).
10. 그들의 문화, 관습, 관행, 신앙, 언어에 대해 가르쳐 달라고 하라. 그리고 그런 것들을 존중하라.
11. 그들이 당신에게 질문할 때까지 기다리라.
12. 성경적으로 대답하라.
13. 질문으로 답하라.
14. 의도적으로 행동하되 서두르지 말라. 관계를 구축하라.
15. 절대! 절대! 절대로 논쟁에서 이기려고 하지 말라.
16. 연결될 다리를 모색하고, 찾고, 건설하라.
17. 가족, 공동체 등에 참여하라.
18. 솔직해져라.
19. 말씀을 (하나님의 숨결로서) 알라.
20. 예수님께 집중하라.
21. 온유하고 겸손하며 공손하게 행동하라.
22. 당신의 문화를 예수님을 따르는 것과 혼동하지 말라.
23. 누군가를 개종시키는 것은 당신의 일이 아니다. 당신은 성령께서 그들의 삶에 들어오기 위해 사용하는 플랫폼이 되어야 한다.
24. 매 순간을 준비하라.
25. 평생 상황에 맞는 제자도, 코칭, 멘토링을 할 준비를 하라.

"네 마음을 다하고 목숨을 다하고 뜻을 다하여 주 너의 하나님을 사랑하라. 이것이 크고 첫째 되는 계명이요, 둘째도 그와 같으니 네 이웃을 네 몸과 같이 사랑하라."

마태복음 22장 37-39절

모든 호흡...

하늘과 땅의 모든 권세를 내게 주셨으니. 그러므로:

1 가라

2 모든 족속으로 제자를 삼아

3 그 이름으로 세례를 주고...

4 내가 너희에게 분부한 모든 것을 가르쳐 지키게 하라.

내가 세상 끝날까지 너희와 항상 함께 있으리라.

마태복음 28장 18-20절

목표: 끊임없는 인식

3
공동체 그룹 만들기

> **초점: 구원 및 예수님을 따르기 위한 첫 번째 단계**
>
> 이곳은 예비 신자가 말씀을 만나는 곳이다. 이름 뿐인 그리스도인도 있을 수 있고, 성경에 대한 지식이 거의 없는 새로운 그리스도인도 있을 수 있다. 일대일 또는 그 이상(12명 이하). 12명 이상이면 두 번째 그룹을 시작하라.

1. 50/50 원칙: 기독교인이 이 그룹의 절반 이하여야 한다. 그들이 그리스도인이 되면 즉시 그들을 훈련 그룹으로 옮기고 그들 자신의 접촉/공동체 그룹을 시작하도록 안내하라.
2. 작게 시작하고 깊이 들어가라.
3. 주요 목적: 하나님의 말씀을 듣고 행동을 취하는 것
4. 돌아가면서 주도적인 질문과 주도적인 토론을 하라.

5. 적용... 항상 재미있게 만들라.
6. 안내하되 이끌지 말라.
7. 그들에게 말하지 말고 그들이 당신에게 말하도록 하라. 그리고 이유를 물어라.
8. 그리스도의 생애와 비유에서 가져온 실제 생활 적용
9. 복음서 중 하나로 시작하라.
10. 산상수훈에 강한 초점을 맞추라. "이것이 그리스도를 따르는 사람이 항상 모든 상황에서 살아가는 방식입니다."
11. 성경, 금식, 기도 도구를 사용하도록 하라(도구 항목 참조).
12. 매주 만나라.
13. 말로만 하지 말고 보여주라.
14. 역사하시는 하나님을 어디서 보았는지 나누라.
15. 의심을 내놓을 수 있는 안전한 장소: "예수님이 유일한 길이라는 게 무슨 뜻인가요? 그것이 사실인지 어떻게 알 수 있나요? 기독교인들은 왜...?"
16. "나부터" 의 악에서 떠나 "네가 먼저"의 사랑을 향하라. 하나님은 사랑이시다.
17. 나의 "Eis " 본질에 몰입하라; "그들에게 "Eis" 이름으로 세례를 베풀라".
18. 모든 것에 순종하도록 가르치라.
19. 말씀—듣기—말씀—듣기를 체계적이고 지속적으로 하라
20. 그들에게 사역을 보여주라. 그들의 부르심과 사역의 결과를 들어보라.
21. 보고, 듣고, 평가하라.
22. 제자들이 예수님께서 무엇을 명령하셨는지를 알고 있는지 알아보라.
23. 제자들이 실제로 예수님께 순종하고 있는지 알아보라.
24. 가라. 만들라. 세례를 주라. 가르치라.
25. "사랑으로써 역사하는 믿음" 만 효력이 있다. 갈라디아서 5장 6절

이렇게 하라.

1. 당신이 하는 것을 지켜보게 하라.
2. 당신과 함께 하게 하라.
3. 그들이 하게 하고 당신은 지켜보라.
4. 그들이 하게 하라.

제자가 된다는 것은 다른 사람들에 대한
하나님의 관심에 자신을 의도적으로
동일시하는 것을 의미한다.

리차드 포스터 (Richard Foster)

4
훈련 그룹
신자에서 제자로의 전환

> **초점: 성화. 생활 방식으로서의 거룩함, 우리가 내딛는 모든 발걸음은 거룩한 땅이다.**
>
> 당신이 제자라고 말한다면... 증명해 보라. 이것은 초보 신자부터 오랫동안 교회에 출석한 신자까지 모두에게 해당하는 것이다.

1. 멘토/코치 및 훈련 그룹의 다른 사람들과 매주(최대 2시간) 만나라.
2. 다른 사람들을 제자 삼는 방법을 가르치는 방법을 어떻게 가르칠 것인가?
3. 3세대: 그 제자가 다른 사람에게 제자 삼는 방법을 가르쳐 주기 전까지는 제자를 삼았다고 말할 수 없다. 내 제자가 다른 제자를 찾고, 모델로 삼고, 가르치는 기술을 전수할 또 다른 찾고/모델로 삼고/가르치는 제자들을 만들기 위해 어떻게 내 제자에게 모범을 보이고 가르칠 수 있을까?
4. 모델을 보여주기: 지역사회에 나가서 접촉 및 공동체 그룹을 형성하는 방법을 보여주라.

5. 기도, 금식, 성경 공부 방법을 가르칠 수 있는지 확인하라.
6. 팀은 3커플 이하로 구성되어야 한다.
7. 각 회원은 훈련 그룹에 가입한 후 2주 이내에 접촉그룹을 찾아야 한다.
8. 공동체 성경공부 그룹에서 가르치라.
9. 그들이 관심 있는 사람이 있으면 새로운 공동체 성경공부를 시작하라. (6개월 이내에 이루어져야 함.) 회원이었던 이전 공동체 성경공부 그룹에서는 탈퇴하되 훈련 그룹에는 남아 있으라.
10. 팀으로 가르치고 접촉 그룹을 훈련시키라.
11. 하나님께서는 당신에게 매주 168시간을 주셨다. 당신은 그분의 시간을 어떻게 보내고 있는가?
12. 당신의 초점에 대한 책임을 져라.
13. 도구를 보라: 모든 제자에게 물어볼 질문, 훈련 세션 템플렛, 다른 사람을 가르치기를 가르치는 방법: 성경, 기도, 금식, 생활.
14. 매 주 여러 개의 적용할 것들을 만들고 보고하라.
15. 계획을 발전시키라.

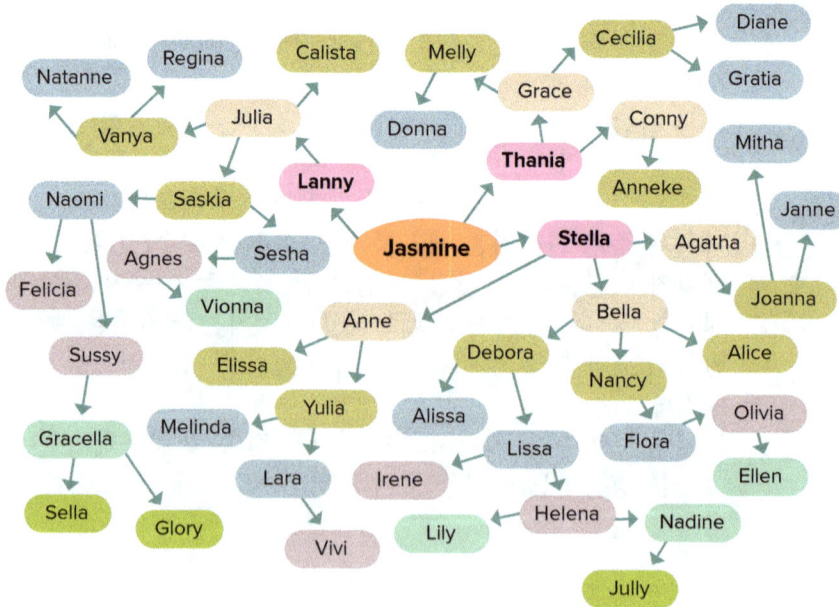

도구

I
첫 번째 세션을 위한 훈련 세션 템플릿

"사랑으로써 역사하는 믿음"만 효력이 있다.
갈라디아서 5장 6절

1
책임

"...그들이 자기들이 행한 일을 예수께 보고하니라." 누가복음 9장 10절

> **사랑**
>
> 제자들은 하나님께서 그들에게 맡기신 사랑에 대해 책임을 진다. 사랑은 나 자신보다 다른 사람의 필요를 우선시하려는 의지의 결단이다.

① 공중 기도와 표현을 통해 하나님의 임재를 알리기

이번 주...

a. 이번 주에 나는 어디에서 하나님이 역사하시는 것을 보았는가?
b. 하나님은 나에게 무엇에 관해 말씀하시는가? (내 반응은 무엇이었나?)
c. c.나는 무엇에 집중하고 있는가?

부록 · 도구   189

2 고백

이번 주...

- a. 고의적으로 하나님께 불순종한적이 있는가?
- b. 어떤 유혹을 받았었는가?
- c. 비밀로 하고 싶었던 어떤 일을 하였는가?
- d. 하나님의 시간과 하나님의 재정을 어떻게 사용하였는가?
- e. 하나님께서 이번 주에 당신에게 누구를 책임지게 하셨는가?
- f. 기쁨과 사랑은 어디서/언제/어떻게 당신에게서 흘러나왔는가?
- g. 나는 이번 주에 ___시간 ___분 동안 하나님께 집중했다.
- h. 하나님과 함께 한 시간을 설명해 보라.

3 관찰과 성찰

이번 주...

- a. 나는 하나님으로부터 무엇을 배웠는가? (나의 응답?)
- b. 무엇을 읽고 있는가? (성경과 다른 책들)
- c. 나는 하루에 세 번씩 다음과 같은 기도를 하고 있다
  - 그룹 멤버:
  - 3/6 예비신자/신자:
- d. a. 하나님과 함께 하는 시간 동안 나는 다른 가족, 친구, 행사를 위해 기도하고 있다.
- e. 내가 하나님과 함께 한 시간의 결과는:_____.
- f. 지난 주에 내가 배우고 실천에 옮긴 것:_____.
- g. 내가 의도적으로 내 필요보다 우선시한 7명의 사람들 (결과)
- h. 지난 주에 내 것보다 다른 사람의 필요를 앞세울 수 있는 예상치 못한 기회들 (놓쳤거나 발견한).

2
지식 받기

너희는 말씀을 행하는 자가 되고 듣기만 하여 자신을 속이는 자가 되지 말라." 야고보서 1장 22절

믿음 제자들은 하나님께서 그들에게 맡기신 믿음에 대해 책임을 진다. 믿음은 하나님에 대한 지식을 행동으로 옮기는 것이다.

이번 주...

a. 성경 공부: 예, 요한1서
b. 주제: 성경 공부 방법
c. 대화와 미안함
d. 텍스트: 주님은 나의 최고봉(My Utmost for His Highest), 오스왈드 챔버스; 영적훈련과 성장 (Celebration of Discipline), 리차드 포스터

나는 하나님에 대해 무엇을 배웠는가?
나는 사람들에 대해 무엇을 배웠는가?
나는 나 자신에 대해 무엇을 배웠는가?

3
실천으로 옮기는 사역

"그 후에 주께서 따로 칠십 인을 세우사 친히 가시려는 각 동네와 각 지역으로 둘 씩 앞서 보내시며" 누가복음 10장 1절

1 주님, 이번 주에 제 안에서, 저를 통해 무엇을 하기를 원하십니까?

일요일	월요일	화요일	수요일	목요일	금요일	토요일
1. 다음 시간에 일어나세요 ___ "나는 봉사할 것이다	1.	1.	1.	1.	1.	1.
2.	2.	2.	2.	2.	2.	2.
3.	3.	3.	3.	3.	3.	3.
4.	4.	4.	4.	4.	4.	4.

2 이번주 나의 우선순위는...

3 이번 주에는 어떻게 섬길 것인가?
    a. 사랑으로 b. 진실로   c. 하나됨으로

4 이번주 나에게 주어진 과제는...
    a. 하나님으로부터 주어진 것 b. 나로부터 주어진 것
    c. 그룹으로부터 주어진 것 d. 기타

5 나는 무슨/누구의 필요를 접하게 될까?

6 나는 어떻게 준비할까?

7 서로에게 물어보라: 당신과 하나님은 ... 화요일 오후 2시, 목요일 오후 5시 또는 토요일 오전 10시 ... 등 시간에 무엇을 하고 있었는가?c.

우리는 하나님께서
우리를 변화시키실
수 있도록 우리
자신을 하나님
앞에 두어야 한다.

II
기도 (청취) 일지

이것은 당신이 나아갈 때 제자를 삼는 가장 중요한 도구 중 하나이다. 이를 통해 개개인은 모든 발걸음이 거룩해짐으로 하루 종일 하나님을 듣고 볼 수 있으며, 모든 발걸음이 거룩해지고 진정으로 "쉬지 말고 기도"할 수 있다. 저녁에 제자는 그 다음 날을 생각하며, 그가 매 시간마다 있을 곳과 그가 만날 것으로 예상되는 최소 한 사람을 "일정표"에 적고, 만남 중에 그가 말하고 행해야 할 것에 관해 하나님의 인도하심을 듣는다. 다음날 저녁이 되면 결과를 기록하고 다음 날의 일정을 시작한다. 이것은 매주마다 매일 이루어져야 한다. 이것은 우리 자신으로부터 지속적으로 하나님의 음성을 듣는 데 우리의 관심을 다시 집중시키는 가장 강력하고 빠른 방법이며, 우리가 거룩함의 아름다움 가운데 걷고 우리 주변 사람들이 그리스도를 만날 수 있도록 해준다. 이것은 훈련 그룹의 공유 앱에 공유될 수 있으며, 팀원들이 서로 기도하고 서로에게 책임을 지도록 할 수 있다.

기도하는 마음으로 매일의 삶을 계획하라.

월요일				
언제	누구	어디	무엇	결과
08:00				
09:00				
10:00				
11:00				
12:00				
13:00				
14:00				
15:00				
16:00				
17:00				
18:00				
19:00				
20:00				

하루 계획의 샘플

믿음은 하나님을 아는 지식을 행동으로 옮기는 것이다.

"믿음이 없이는 하나님을 기쁘시게 할 수 없느니라."

III
샘플 질문들

신자에서 제자로 다시 초점을
맞추도록 서로 묻기

A 그들은 어떻게 사는가?

1. 하나님의 거처로서 그들은 성령께서 그 분의 임재 안으로 이끌어 가시는 사람들에게 어떻게 반응할 것인가?
2. 현재 직장에서 그들의 주요 목적은 무엇인가?
3. 그들은 평소의 화요일에 24시간을 어떻게 보내는가?
4. 그들의 가장 중요한 소유물은 무엇인가?
5. 그들의 인생에서 가장 큰 어려움은 무엇이었나?
6. 만약 그들에게 25,000달러가 주어진다면, 그 돈을 어떻게 쓸것인가?
7. 그들은 일주일에 얼마나 하나님과 단둘이 시간을 보내는가?
8. 음식을 구매하는 매장의 점원 이름은 무엇인가?
9. 그들에게 가장 큰 기쁨을 주는 것은 무엇일까?
10. 낯선 사람을 위해 그들이 한 가장 친절한 행동은 무엇인가?
11. 만약 그들이 두 용어 중 하나를 선택해야 한다면, 그들은 자신을 리더로 보겠는가, 아니면 섬기는 자로 보겠는가?
12. 지난 주에 자신의 필요보다 다른 사람의 필요를 우선시했던 다섯 가지 방법을 말해보라.
13. 그들이 꿈꾸는 가정은 어떤 모습일까?
14. 성경 인물 외에 가장 존경하는 인물 5명을 말해 보라.
15. 그들은 멘토와 얼마나 많은 시간을 보내는가?
16. 그들의 집에서 가장 가까운 다섯 명의 이웃 이름을 얘기해 보라.
17. 그들은 얼마나 자주 남들에게 무언가를 거저 주었는가?
18. 그들의 살아있는 영웅 3명은 누구일까?
19. 무엇이 그들을 화나게 만드는가?
20. 성경은 하나님의 말씀이 아니라 하나님에 대한 사람의 생각이라고 말하는 사람에게 그들은 어떻게 대답하겠는가?

21. 하루 종일 해야 할 일이 없다면 그들은 어떻게 시간을 보낼까?
22. 그들은 다른 사람들을 어떻게 섬기는가?
23. 그들은 누구에게 책임감을 갖고 있는가?
24. 당신은 새 언약궤인데, 어떻게 하나님을 상자 안에서 나오시게 하겠는가?

B 그들은 어떻게 하나님과 교통하는가?

1. 기도와 성경공부, 금식과 경건의 시간으로 하나님의 임재 안에 있었던 그들은 어떻게 변화되었는가?
2. 당신과 하나님은 무엇에 대해 이야기하고 있는가?
3. 당신과 하나님은 어디서 만나는가?
4. 당신은 얼마나 자주, 어디서 하나님을 보는가?
5. 당신과 하나님과의 대화의 구조에 대해 말해보라.
6. 당신은 무엇에 대해 공상(백일몽)을 하는가?
7. 하나님은 당신에 대해 어떻게 생각하실까?
8. 당신의 삶에 영향을 미친 책 6권을 나열해 본다면?
9. "거룩하라"는 하나님의 명령에 당신은 어떻게 반응했는가?
10. 당신에게 성찬이란 어떤 의미인가요?
11. 언제, 어떻게 하나님의 말씀을 듣는가?
12. 하루 종일 하나님과 단둘이 있는 경우가 얼마나 자주 있는가?
13. 성경은 당신의 삶에서 어떤 역할을 하는가?
14. 하나님께서는 당신의 친구에 대해 개인적으로 무엇을 말씀해 주시는가?
15. 하나님께서는 당신과 함께 일하는 동료들을 어떻게 보시는가?
16. 어떤 책을 읽고 있는가?

17. 언제, 왜 금식하는가?
18. 하나님께서 당신의 이웃을 언급하실 때 당신과 하나님은 무엇에 관해 이야기하는가?
19. 당신이 하나님을 어떻게 사랑하는지 예를 들어보라.
20. 죄란 무엇일까?
21. 성경을 왜, 어떻게 공부하는가?
22. 어떻게 예배하는가?
23. 올해, 이번 달, 이번 주… 오늘, 어디에서/언제/어떻게 인생에서 가장 분명하게 하나님의 음성을 들었는가?

 그들은 다른 사람들을 어떻게 제자화할 것인가?

1. 그들은 제자 삼는 법을 배우는 데 있어서 어떤 요소를 가장 중요하게 생각하는가?
2. 하나님께서 제자를 삼으라고 그들에게 주신 사람들을 나열해 보라.
3. 한 개인이 그리스도를 만나도록 어떻게 그 사람을 인도했는지 예를 들어보라.
4. 그들이 제자만드는 일을 할 때 가장 보람찬 경험은 무엇이었는가?
5. 그들은 하나님께서 그들에게 주신 사람들과 얼마나 많은 시간을 보내는가?
6. 그들은 지금 제자화하고 있는 사람들을 어디서 만났는가?
7. 제자화 그룹에는 어떤 실제적인 적용 요소가 포함되어 있는가?
8. 6주간의 제자화 모임에 대한 대략적인 개요를 설명해 보라.
9. 그들은 각 제자들을 위한 어떤 목표가 있는가?
10. 이제 막 예수님을 따르기 시작한 개인을 기쁨에 차서

성령님께 완전히 손종하는 삶으로 인도하는 방법을 말해 보라.
11. 이 제자들은 일상생활에서 어떻게 거룩함을 실천하는가?
12. 제자를 만들어 갈 때 가장 실망스러웠던 경험은 무엇이었는가?
13. 누가 그들을 제자화/멘토링/코칭하는가?
14. 그들이 제자화하는 사람 중 얼마나 많은 사람이 현재 다른 사람들을 제자화하고 있는가?
15. 제자들과의 전형적인 만남에는 무엇이 포함되는가?
16. 제자도 그룹에서 고백의 기회가 있는가
17. 믿지 않는 사람들을 제자화하기 위해 그들은 어떤 단계를 밟는가?
18. 그들은 예수님을 따르는 사람들을 사역자로 준비시키도록 부름을 받았는데, 그들에게 필요한 도구는 무엇일까?
19. 그들은 성경이 다른 종교의 경전과 다르다는 것을 어떻게 설명하는가?
20. 그들은 가족을 제지화하기 위해 어떤 방법을 사용하고 있는가?
21. 그들은 다른 사람들에게 어떤 성경 공부 방법으로 가르쳤는가?
22. 그들은 무엇을 할 것인가?: 공부, 적용, 책임, 멘토, 배가?

> 우리 안에 있는 하나님의 생명은 경건해지려고 노력하는 인간의 생명이 아니라 하나님의 생명 그 자체로 드러난다.
>
> 오스왈드 챔버스 (Oswald Chambers)

당신이 이렇게 살지 않으면 주변에 아무도 (동료, 친구, 가족, 종업원, 사무원) 주님을 볼 수 없고 그들은 오직 당신만 볼 것이다.

"모든 사람과 더불어 화평함과
거룩함을 따르라 이것이 없이는
아무도 주를 보지 못하리라"
히브리서 12장 14절

"오직 너희를 부르신 거룩한 이처럼
너희도 모든 행실에 거룩한 자가 되라"
베드로전서 1장 15절

제자도의 습관은 내주하시는 성령께서 지속적인 평화로 우리 존재에 스며들게 하고, 우리 삶 전체에 사랑으로 스며들게 하며, 우리를 잃어버린 인간의 화해에 참여하도록 부르시는 하나님의 목적의 빛으로 모든 것을 보는 믿음을 낳고, 희망을 갖게 해준다. 가장 절망적인 상황에서도 굳건히 서 있는 믿음은 우리가 옳은 일을 행하고 악의 세력을 견딜 수 있도록 힘을 실어준다. 간단히 말해서, 예수님께서 자신을 따르는 모든 사람에게 주려고 오셨다고 말씀하신 그 기쁨의 풍요로움이 바로 그것이다.

IV
가르치는 방법을 가르치라

1. 이끌지 말고 안내하라,!

2. 당신이 새로운 것을 보여주려고 하는 시간이 아니라면 제자들이 성경 공부를 인도하게 한다. 이 작업은 팀으로 수행할 수도 있고 개인으로 수행할 수도 있다.

3. 그들에게 말하지 말고 그들이 당신에게 말하게 한 다음 그 이유를 물어라.

1
성경

그들은 다른 사람들에게 성경을 가르치는 법을 가르치기 위해 여러 가지 방법을 배워야 할 것이다. 아래에 몇 가지를 나열했는데.그들이 모든 나열된 방법을 사용하는지를 관찰하라. 다양한 상황에서 어떤 것이 가장 잘 효과적인지 이야기해 보라.

> 모든 성경은 하나님의 감동으로 된 것으로 교훈과 책망과 바르게 함과 의로 교육하기에 유익하니 이는 하나님의 사람으로 온전하게 하며 모든 선한 일을 행할 능력을 갖추게 하려 함이라
> 디모데후서 3장 16-17절

1. 개요 접근 방식

a. **요약하기**
   내러티브(이야기); 구절을 이해하는 것.
b. **이해하기**
   이것은 무엇을 의미 하는가? 왜 하나님은 이 이야기와 이러한 단어/시제/문구/사람/이야기/주제를 선택하셨을까? 목적은 무엇일까?
c. **적용하기**
   이것이 나를 어떻게 변화시키는가? 이 성경 말씀에 비추어 나는 어떻게 살아야 하나?

2. 한 마디 한 마디를 본다

"모든 성경말씀은 하나님의 숨결이다."

a. 이 단어/시제/문구/사람/주제는 무엇을 의미하는가?
b. 이 단어가 선택된 이유는 무엇이며 여기에 배치된 이유는 무엇일까?
c. 어떤 다른 단어를 선택할 수 있었을까?
d. 이것은(또는 부정적인 것) 무엇을 의미합니까?
e. 성경 어디에서 이 단어를 찾을 수 있을까?

예시: 시편 23편

제자들이 23편 전체에 나오는 각 단어에 대해 간단하게 질문하도록 하라.

- 그(The): _____
- 주님은: _____
- 이다: _____
- 나의: _____
- 목자: _____

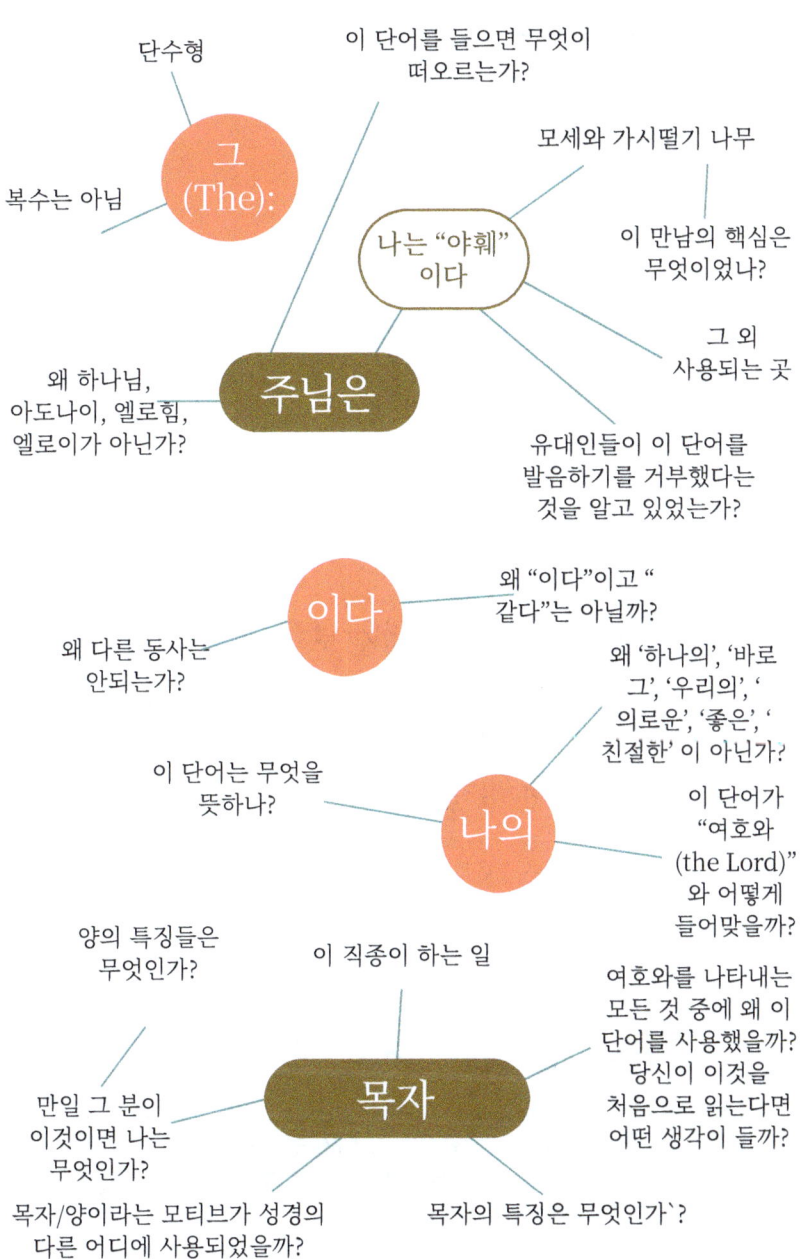

3 동사 연구

예: 시편 23편

하나님의 행위
- 그는.이시다
- 그는 만드신다
- 그는 이끄신다
- 그는 소생시키신다
- 그는 인도하신다
- 당신은 나와 함께 한다.
- 당신의 지팡이/막대기로 안위하신다
- 당신은 준비하신다
- 당신은 기름을 바르신다

인간의 행위
- 나는 걷는다
- 나는 부족함/두려움이 없을 것이다.
- 나는 거한다

4 구절 연구

예: 마태복음의 "내게로 오라"

- 5:24 - 먼저 가서 형제와 화목하고 그 후에 와서...
- 8:11 - 또 너희에게 이르노니 동 서로부터 많은 사람이 이르러 아브라함과 이삭과 야곱과 함께 천국에 앉으려니와
- 11:28 - 수고하고 무거운 짐 진 자들아 다 내게로 오라 내가 너희를 쉬게 하리라
- 14:28 - 베드로가 대답하여 이르되 주여 만일 주님이시거든 나를 명하사 물 위로 오라 하소서 하니
- 16:24 – 이에 예수께서 제자들에게 이르시되 누구든지 나를 따라오려거든 자기를 부인하고 자기 십자가를 지고 나를 따를 것이니라
- 19:14 – 예수께서 이르시되 어린 아이들을 용납하고 내게 오는 것을 금하지 말라 천국이 이런 사람의 것이니라 하시고
- 19:21 - 예수께서 이르시되 네가 온전하고자 할진대 가서 네 소유를 팔아 가난한 자들에게 주라 그리하면 하늘에서 보화가 네게 있으리라 그리고 와서 나를 따르라 하시니

- 25:34 - 그 때에 임금이 그 오른편에 있는 자들에게 이르시되 내 아버지께 복 받을 자들이여 나아와 창세로부터 너희를 위하여 예비된 나라를 상속받으라

5 주제 연구
예: 마태복음에 나타난 예수님의 권위
- 제 5장, 6장, 7장 – 가르침: 인간의 행위와 구약의 율법 위에 있음
- 제 8장
    - 질병 위의 권위
        - 심한 종류 1~4(손으로 만지시고 말씀하심)
        - 이방인과 먼 거리의 사람 5-13 (말씀하심)
    - 흔한 병과 흔치 않은 질병 14-16
        - (만지시기만 하고 말씀만 하시다)
    - 예언의 말씀 (과거) 17
    - 사람의 동기 18-22
    - 자연 23-27
    - 귀신 28-34
- 9상 죄

6 구조
예: 사무엘상에 나오는 인물 전기의 공유

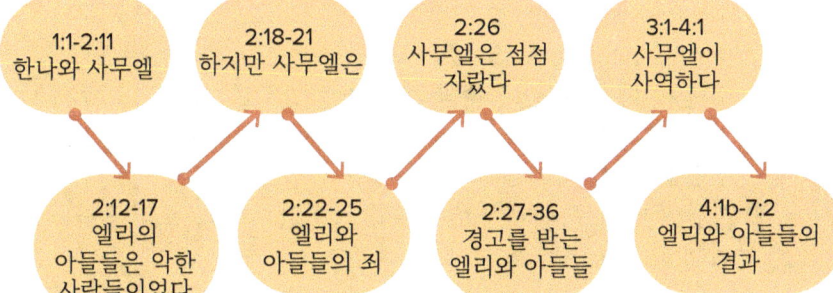

2
기도

우리는 "감사함으로 기도와 간구로 너희 구할 것을 하나님께 아뢰라"는 가르침을 받았다. 기도는 듣는 것이다

"쉬지 말고 기도하라."
데살로니가전서 5장 17절

- 홀로 (마14:23, 막1:35, 눅9:18, 눅22:39-41)
- 사람들이 있는 장소에서 (요 11:41-42, 요 12:27-30)
- 식사하기 전에 (마 26:26, 막 8:6, 눅 24:30, 요 6:11)
- 중요한 결정을 내리기 전에 (눅 6:12-13)
- 치유하기 전 (막 7:34-35)
- 치유한 후 (눅 5:16)
- 아버지의 뜻을 행하기 위하여 (마 26:36-44)
- 기도의 중요성을 가르치다. (마 21:22, 막 11:24-26, 마 7:7-11, 눅 11:9-13, 요 14:13-14, 요 15:7,16, 요 16:23-24, 마 5:44, 눅 6:27-28, 마 6:5-15 - 주기도문, 눅 11:2-4, 마 18:19-20). 어린아이들을 위한 안수와 기도(마 19:13-15)
- 아버지께 그의 이름을 영광스럽게 해달라고 구함(요 12:27-28)
- 주의 만찬에서 (마 26:26)
- 사탄이 베드로를 "까부르듯"하려고 했을 때 베드로의 믿음을 위해 기도하셨다

- (눅 22:31-32)
- 겟세마네로 향하기 전, 자신과 제자들, 그리고 모든 믿는 이들을 위해 기도하셨다.
- (요 17:1-26)
- 배신당하시기 전, 겟세마네에서 그 분은 세 번 따로 기도하셨다. (마 26:36-46)
- 세례(눅 3:21-22)
- 아침 (막 1:35-36)
- 밤새도록 (눅 6:12-13)
- 유대인 지도자들에게 말씀하실 때 (마 11:25-26)
- 오천 명을 먹이기 전에 아버지께 감사함 (요 6:11)
- 물 위를 걷기 전(마 14:23)
- 귀먹고 말 못하는 사람을 고치실 때 (막 7:31-37)
- 4000명을 먹이기 전에 아버지께 감사함 (마 15:36)
- 베드로가 예수를 "그리스도"라고 부르기 전(눅 9:18)
- 변모 하실 때 (눅 9:28-29)
- 칠십인이 돌아올 때 (눅 10:21)
- 제자들에게 주기도문을 가르치기 전에. (눅 11:1)
- 나사로를 죽은 자 가운데서 살리시기 전에 (요 11:41-42)
- 예수님은 십자가에 못 박히신 직후 "아버지 저들을 사하여 주옵소서. 그들은 자기들이 하는 일을 모르기 때문입니다." (눅 23:34)라고 기도하셨다.
- 십자가에 달리실 때(마 27:46)
- 예수님은 임종 중에 "아버지, 내 영혼을 아버지 손에 부탁하나이다"라고 기도하셨다. (눅 23:46) 부활하신 후 다른 사람들과 함께 식사하기 전에 빵을 놓고 축복하는 기도를 하셨다. (눅 24:30) 그 분은 승천하시기 전에 제자들을 축복하셨다. (눅 24:50-53)
- 그 분은 지금도 우리를 위하여 중보하고 계시다. (롬 8:34, 히 7:25, 요일 2:1)

"그러므로 너희는 이렇게 기도하라
하늘에 계신 우리 아버지여 이름이
거룩히 여김을 받으시오며 나라가
임하시오며 뜻이 하늘에서 이루어진
것 같이 땅에서도 이루어지이다 오늘
우리에게 일용할 양식을 주시옵고
우리가 우리에게 죄 지은 자를
사하여 준 것 같이 우리 죄를 사하여
주시옵고 우리를 시험에 들게 하지
마시옵고 다만 악에서 구하시옵소서"
마태복음 6장 9-13절

하나님과 동행한 모든
사람은 기도를 자기 삶의
주요 사역으로 여겼다.

리차드 포스터 (Richard Foster)

어떤 사람이 기도했는데
처음에는 기도가 말하는
것이라고 생각했다. 그러나 그는
점점 더 조용해졌고 마침내
기도는 듣는 것임을 깨달았다.

쇠렌 키에르케고르 (Søren Kierkegaard)

1. 쇠렌 키에르케고르

우리가 변화할 의지가 없다면 우리 삶의 눈에 띄는 특징인 기도를 유기해 버릴 것입니다.

- "나에게는 할 일이 너무 많아서 매일 세 시간씩 기도하지 않고는 일을 할 수 없다." – M. 루터
- "하나님은 기도에 대한 응답 외에는 아무 것도 하지 않으신다." – J. 웨슬리
- "나는 기도하기 위해 하루에 7번씩 일을 쉰다." – A. 저드슨

하나님은 항상 우리가 있는 곳에서 우리를 만나시고 천천히 우리를 더 깊은 곳으로 인도하신다.

2. 단순한 기도

할 수 없을 때 기도하지 말고 할 수 있을 때 기도하라.

- 일상생활의 평범한 순간에도 하나님께서 우리에게 다가가실 수 있다는 것을 믿는 것이 기도의 시작이다.
- 하나님께서 우리를 축복하실 수 있는 유일한 장소는 우리가 있는 바로 그 곳이다. 왜냐하면 그곳이 우리가 있는 유일한 장소이기 때문이다!
- 단순한 기도에는 평범한 사람들이 사랑과 자비가 많으신 아버지께 평범한 걱정거리를 가져오는 것이 포함된다.

3. 애통의 기도

"애통하는 자는 복이 있나니." 마태복음 5장 4절

구원
  a. 인식하기: 어떠한 문제가 있는데 오직 하나님만이 그것을 해결할 수 있다.
  b. 고백하기: 나는 죄인입니다
  c. 용서를 구하기: 저의 행동을 용서해 주세요 …
  d. 회개하기: 다시는 그런 일을 반복하지 않겠습니다.
  e. 받기: 하나님의 용서를
  f. 하나님의 지시에 순종하라

성화
  a. 인식하기
  b. 고백하기: "내 자아"가 문제입니다.
  c. 자기 중심성을 회개하고 모든 것, 즉 내가 누구인지, 내가 하는 모든 일을 완전히 내려 놓기: 나는 누구이며 내가 하는 모든 일은 무엇인가?
  d. 받으라: 성령의 내주하심.
  e. 성령의 능력으로 나아가서 제자를 삼으라.

기쁨은 통회하는 마음의 결과이다.

"눈물을 흘리며 씨를 뿌리는 자는 기쁨으로 거두리로다" 시편 126장 5절

하나님은 결코 "상하고 통회하는 마음"을 멸시하지 않신다. 시편 51장 17절

4 살핌의 기도

"하나님이여 나를 살피사 내 마음을 아시며 나를 시험하사 내 뜻을 아옵소서" 시편 139장 23절

외부적 조사
   a. 우리에게 하나님은 어떻게 제시되어졌는가?
   b. 우리는 다른 사람들에게 하나님을 어떻게 소개하는가?
   c. 우리는 그 분의 임재에 어떻게 반응했는가?
   d. 우리는 어떻게 그 분의 은혜의 도구가 되었는가?
   e. 하나님의 능하신 일을 연습하라.

내부적 조사
   a. 오늘 내가 하나님의 임재 가운데 있는 시간은 다음과 같은 결과를 가져왔다...
   b. 내 생각, 욕망, 태도, 가치관, 행동은 어제, 지난 주, 지난 달, 작년과 어떻게 다른가?

시험이 단지 자기 성찰이라면 우리는 늘 지나친 칭찬이나 비난을 받게 될 것이다.

5 의도적으로 기도하라

개인과의 첫 만남부터 시작하여 그들이 성령을 듣고 순종할 수 있도록 능력을 부여하고 강화하고 준비시킨다.

매일 충실하게 멈춰서 기도-듣기 일지를 쓰라. 하나님께서 당신을 변화시키실 것이다. 하나님께서는 당신이 가는 동안 만나는 모든 사람에게 영향을 주실 것이다.

6 언약의 기도

거룩한 순종의 언약: 어떤 상황, 시간, 다른 사람, 결과에 관계없이

    a. 시간: 모든 순간이 그 분께 속해 있다. 매일 그 분 앞에 시간을 할애하도록 하라.
    b. 장소: 그 분은 항상 우리 안에 거하시기 때문에 모든 발걸음은 거룩한 곳이다.
    c. 마음과 생각: 그 분은 우리의 유일한 초점이시다. "우리는 값으로 산 것이요, 우리의 것이 아니다."

7 내려놓음의 기도

"내 뜻대로 마옵시고 아버지 뜻대로 하옵소서"

a. **성화:** 우리는 그리스도께서 여기로 내려오셔서 우리의 문제를 해결해 주시기를 요구하는가, 아니면 십자가에서 그와 함께 할 것인가?
- "이제는 내가 사는 것이 아니요 오직 내 안에 그리스도께서 사시는 것이라. 이제 내가 육체 가운데 사는 것은 나를 사랑하사 나를 위하여 자기 몸을 버리신 하나님의 아들을 믿는 믿음 안에서 사는 것이라." 갈라디아서 2장19-20절
- 하나님의 성품에 대한 확고한 신뢰는 나 자신의 의지의 죽음을 가져온다. "하나님은 무에서 모든 것을 창조하시고, 하나님이 사용하실 모든 것을 먼저 무로 만드신다." S. 키에르케고르

b. **기도의 패턴: 자기 비움, 항복, 버림, 해방, 부활**

c. 하나님이 사라진 것처럼 보일 때. (시험)만일 우리가 부르기만 하면 천지의 창조주를 즉시 나타나게

할 수 있다면 우리는 아브라함과 이삭과 야곱의 하나님과 교제할 수 없을 것이다.
   d. 우리는 하나님께서 주시는 선물보다 하나님을 더 사랑한다.
   e. 자아의 정화
   f. 외부 결과 (더 이상 우리를 움직이는 것이 아니다
   g. 성취, 건강, 부, 직업, 직함, 표창
   h. 내부 결과(정서와 감정이 더 이상 우리를 이끌지 않는다.)
   i. 평안, 기쁨, "내 영혼 평안해", 만족, 승리, 선함
   j. 우리는 하나님을 알고, 듣고, 이해하려고 노력한다.

8 경배의 기도
요구가 아닌 감사
   a. 그가 누구인지에 대해
   b. 그가 행하신 일에 대해

9 성례/예배 기도
우리의 마음, 정신, 감정에 집중하기

10 끊임없는 기도
하나님의 임재를 연습하기. 삶의 공통적인 모험.
매 시간/분.

11 간구기도
우리의 요청
   a. 하나님의 뜻/본성을 이해하기
   b. 우리의 뜻/본성을 이해하기

12 중보기도
우리가 다른 사람에게 주는 선물

13 연습
내부 방해 요소를 줄이기 위해

당신의 마음 속에 조용하고 평화롭고 아름다운 장소를 그려 보라. 화려한 정원이나 바다 옆, 계곡 옆 등이 될 수도 있다. 예수님을 그곳으로 초대하고 그 분의 발 앞에 앉으라. (그 분은 무엇을 좋아하실까?) 그런 다음 마음 속으로, 일어나 친구/가족/동료를 한 명씩 데리고 오십시오. 그들을 그 분 앞으로 데려와 그 분의 발 앞에 앉히라. "주님, 이 사람은 편의점에서 일하는 저의 친구 밥(Bob)이에요. 저는 주님이 저보다 이 친구를 더 잘 알고 있다는 것을 압니다. 이 친구가 지난 며칠 동안 슬퍼 보였습니다. 제가 그 친구를 만나게 되면 무엇이라고 말해야 할까요?" 당신의 문제, 두려움, 산만함을 상자에 담아 가져와서 예수님께 건네라. "이 모든 것은 이제 주님 것입니다. 나는 오직 주님 만을 듣고 보고 싶습니다" 시각적인 장소를 만드는 것은 그리스도와 함께 하는 조용한 시간에 무작위적인 생각을 제거하는 데 도움이 된다. (배가 고픈데 점심 뭐 먹어야 하지? 문을 잠그고 나왔던가? 내 직장 상사를 믿지 못하겠어...) 이 시각적 장소는 우리의 집중력을 높여주기에 마음의 방황이 줄어든다. 어떤 사람들은 음악을 듣기도 한다. 한번 시도해보고 도움이 되는지 확인해 보라.

> 손을 맞잡고 기도하는 것은 세상의 무질서에 맞서는 봉기의 시작이다.
>
> 칼 바르트 (Karl Barth)

부록 • 도구

3
금식

"그들은 금식할 것이요" - 예수

세계 어디를 가든지 사람들은 "예, 기도합니다. 네, 성경을 읽었습니다."라고 말한다. 그러나 금식에 관해 물을 때 거의 항상 불편한 침묵이 있었다. 그런데 예수님은 제자들이 금식할 것이라고 말씀하셨다. 우리가 금식하지 않는다면 우리는 실제로 그 분의 제자가 아니라고 볼 수 있을까? 금식은 하나님의 말씀을 듣고 모든 발걸음이 거룩한 삶을 사는 데 원동력이 되는 것이다. 금식하지 않으면 우리는 거의 모든 것에 쉽게 주의가 산만해지며 몇 일, 몇 주, 몇 달 동안 하나님의 음성이 희미해지며 더 이상 하나님의 음성을 듣지 못할 것이다. 금식은 당신이 만나는 모든 사람을 살아계신 하나님의 임재 안으로 이끄는데 사용하는, 하나님과 함께 하는 무제한적인 삶의 길이다.

- 모세, 다윗, 다니엘, 안나, 엘리야, 에스더, 바울, 예수 - 모두 금식했다. 당신은 어떤가?
- "당신이 줄 때 ..."
- "너희가 기도할 때에..." (마 6:1-18)
- "금식할 때..."
- "신랑을 빼앗길 날이 이르리니 그 때에는 금식할 것이니라" (마 9:15)
- "금식하고 애통하였거니와 그 금식이 나를 위하여, 나를 위하여 한 것이냐" (슥 7:5)
- 우리의 시선을 오직 그 분께 고정시키고 그 분을 향해 금식하십시오. 오직 우리 하나님께 영광을 돌리는 것만이 우리의 의도가 되도록 하십시오. —존 웨슬리
- 금식은 우리가 무엇에 집착하고 있는지, 무엇이 우리를 지배하는지를 드러낸다.
- "이에 예수께서 제자들에게 이르시되 누구든지 나를 따라오려거든 자기를 부인하고 자기 십자가를 지고 나를 따를 것이니라"(마 16:24)
- 금식은 우리의 삶 속에서 그리고 우리의 삶을 통해 하나님의 능력을 여는 열쇠를 우리에게 보여준다.
- 성경적인 금식은 항상 우리의 관심을 물질 세계에서 그리스도의 인격으로 돌리는 데 초점을 맞춘다.
- 공동 금식과 개인 금식
- 초대교회는 수요일과 금요일에 금식을 했다.

제안
- **제한할 수 있는 일들**
    - 한가지 아이템 (폰/텔레비전)
    - 식사 또는 좋아하는 음식/음료
    - 하나의 이벤트(골프)
- **부분적으로 할 수 있는 일들**
    - 음식: 24시간
    - 일상: 차를 주차하고 버스나 택시를 타라오. 그렇게 하면 예수님으로 하여금 더 많은 사람들을 만나시도록 할 것이다.
    - 행사: 주말에 축구를 보는 대신 영적으로 조용한 시간을 통해 하나님과 둘만의 시간을 보내라.
- **확장할 수 있는 일들**
    - 더 긴 기간 또는 특정 기간(이렇게 기간을 정하는 것이 다른 사람에게 깊은 인상을 주거나 하나님께서 무엇인가를 하도록 강요하거나 자신을 처벌하려는 것이 아니라 하나님께로부터 온 것인지 확인하라.) 금식하는 이유는 우리가 하나님께 집중하고 그 분의 음성만 들을 수 있도록 돕는 것임을 기억하라
- "주를 섬겨 금식할 때에 성령이 이르시되 내가 불러 시키는 일을 위하여" (행 13:2)
- "이 때에 제자들이 조용히 예수께 나아와 이르되 우리는 어찌하여 쫓아내지 못하였나이까 이르시되 너희 믿음이 작은 까닭이니라 진실로 너희에게 이르노니 만일 너희에게 믿음이 겨자씨 한 알 만큼만 있어도 이 산을 명하여 여기서 저기로 옮겨지라 하면 옮겨질 것이요 또 너희가 못할 것이 없으리라'" "이 일은 오직 기도와 금식으로만 이루어질 수 있느니라." (마 17:19-22)

제자가 되는 첫 번째 단계는 그 분으로 부터 듣는 것이다.

성경말씀

기도

금식

"또 무엇을 하든지 말에나
일에나 다 주 예수의
이름으로 하고 그를
힘입어 하나님 아버지께
감사하라"
골로새서 3장 17절

"이러므로 내가 하늘과 땅에 있는 각 족속에게 이름을 주신 아버지 앞에 무릎을 꿇고 비노니 그의 영광의 풍성함을 따라 그의 성령으로 말미암아 너희 속사람을 능력으로 강건하게 하시오며 믿음으로 말미암아 그리스도께서 너희 마음에 계시게 하시옵고 너희가 사랑 가운데서 뿌리가 박히고 터가 굳어져서 능히 모든 성도와 함께 지식에 넘치는 그리스도의 사랑을 알고 그 너비와 길이와 높이와 깊이가 어떠함을 깨달아 하나님의 모든 충만하신 것으로 너희에게 충만하게 하시기를 구하노라 우리 가운데서 역사하시는 능력대로 우리가 구하거나 생각하는 모든 것에 더 넘치도록 능히 하실 이에게 교회 안에서와 그리스도 예수 안에서 영광이 대대로 영원무궁하기를 원하노라. 아멘"

에베소서 3장 14-21절

제자를 삼는 여정에
대해 더 자세히
알아보세요

vision441.org

저자 소개

Karl Rigsby는 전 세계적인 역동적인 제자 배가 네트워크의 일부였습니다. 그는 특히 Creative Access Areas(복음을 전하는 것이 불법이거나 제한된 장소)에 중점을 두고 다양한 교단과 협력하고 있습니다. 그는 세상에서 가장 어려운 나라들 안에서 하나님 나라의 극적인 성장을 목격한 산 증인 입니다. 그곳에서 사람들은 "하나님께서 당신을 어디에 두셨든지 당신의 '평상시' 하루를 지내면서 제자를 삼으라"는 그리스도의 명령에 응답했습니다.

Rigsby 박사는 또한 일반 대학과 기독교 대학에서 교수로 재직했으며 100여개 국가에서 워크샵과 강의를 진행했습니다.